Yared Dibaba wurde 1969 im Südwesten Äthiopiens im Volk der Oromo geboren und kam 1979 als Bürgerkriegsflüchtling mit seiner Familie nach Falkenburg im Oldenburger Land. Er ist ein Multitalent und moderiert seit Jahren Galas, Shows und Events. Seit Oktober 2007 ist er gemeinsam mit Bettina Tietjen Gastgeber der Freitagabend-Talkshow »Die Tietjen und Dibaba« im NDR Fernsehen. Darüberhinaus besucht er für die NDR Fernsehserie »De Welt op Platt« Plattschnacker rund um den Globus. Denn Plattdeutsch beherrscht Yared Dibaba seit seiner Kinderheit wie seine Muttersprache. Seit Anfang 2007 ist er Autor und Sprecher der NDR-Sendereihe »Hör mal'n beten to«.

Yared Dibaba

Platt

is mien Welt

Quickborn-*Verlag*

2. Auflage 2009

ISBN 978-3-87651-333-1

© Copyrigtht 2008 by Quickborn-Verlag, Hamburg
Umschlagfoto: Nazar Moawad, Hamburg
Gesamtherstellung: CPI – Clausen & Bosse GmbH, Leck
Der Umwelt zuliebe
auf chlorfrei gebleichtem Papier gedruckt
Printed in Germany

Inhalt

S-Bahn Vertellen

Dat weer mol wedder 'n richtig hektischen Dag. Mien Fro weer bi de Arbeit, de Babysitter krank un de Lütte mit sien Kinnergoorn ünnerwegens, na't Ohnsorg-Theater. Dor hebbt se sik dat Kinnerstück »Der Zauberer von Oz« ankeken. Un ik weer, as't schien, de eenzige, de Tiet harr, den Lütten dor wedder aftohalen. Un Punkt halvig veer heff ik tosehn, dat ik ok bitieden 'n S-Bahn nehm, dat ik ok to rechte Tiet dor weer.

Ik heff mien Kapuzenjack nahmen un mi mien Baseball-Mütz opsett, dat weer nämlich 'n beten koolt buten, un mi op 'n Weg maakt. Heff ok glieks 'n S-Bahn kregen un bün denn ok fix an'n Jungfernstieg ankamen. As ik dor de Döör vun de S-Bahn opmaken wull, stünn dor al 'n olen Mann vör. He versöch jüst, de Döör optokriegen, hett dat aver nich schafft. »Kann mir bitte mal jemand die Tür aufmachen?«, hett he fraagt. Dat heff ik daan un em ok holpen ruuttokamen. As wi nu buten weern, hett he mi fraagt: »Können Sie mir vielleicht auch helfen, aus der U-Bahn Station raus zu finden? Ich muss zum Ballindamm.« Ik heff hen un her överleggt, un heff denn seggt: »Ich muss ja eigentlich zum Ohnsorg-Theater, aber was soll's, ich bringe Sie noch eben schnell zum Ballindamm.«

Denn hett sik de Mann eenfach mien Ellbagen grepen, hett sik dor an fastholen un is mit mi mitlopen, as weer 't dat Normalste vun de Welt. As wi nu so ünnerwegens weern, heff ik mi 'n beten wunnert, dat so 'n olen Mann, ohn lang to överleggen, so'n groot Vertroen to mi hett. Un denn heff ik mi ok fraagt, woans dat angahn kann, dat he op de een Siet fraagt, wat ik em helpen kann, he sik aver op de anner Siet in dissen Tunnel-Wirrwarr egentlich teemlich goot utkennen dä, denn bi een Krüüz sä he mit'nmol: »Ich glaube, hier müssen wir geradeaus« un bi 'n anner denn: »Hier müssen wir links abbiegen und dann die Rolltreppe hoch!«

Aver denn hett mi dat langt un ik heff em bi de Siet nahmen un heff em fraagt: »Jetzt verraten Sie mir mal bitte, wozu Sie meine Hilfe brauchen? Ich habe das Gefühl, Sie kennen sich besser aus als ich?« He anter: »Ja, wieso, ich kann doch nichts sehen!« Dor köönt Ji Jo wiss vörstellen, wat ik dor keken heff.

»Dann sehen sie auch nicht, was ich anhabe, und sie sehen auch nicht, dass ich vielleicht nicht so ganz norddeutsch aussehe, wie die anderen um uns herum?« Un he sä: »Nein, wie denn?« Un nu heff ik ok verstahn, woso he so freeweg op mi tokamen is.

Un denn hett he mi ok noch fraagt: »Sie schnakken doch Platt, oder?«

Ik heff mi düchtig verjaagt, un freit heff ik mi ok, dat he mi kennt hett, heff mi aver ok wunnert, dat 'n blinnen Mann weet, dat ik de »Welt op Platt« in't Fernsehn modereert heff un sä: »Ja, platt snack ik. Kennen Sie mich etwa?« He sä denn: »Nee, kennen do ik di nich. Aver wat wullt du sünst bi't Ohnsorg-Theater, wenn du keen Platt snackst?«

30. Geburtsdag

Ik gah stramm op de 40 to. Dat Öller bringt dat mit sik, dat wi in letzte Tiet nich mehr op Hochtieden (denn middewiel sünd all ünner de Haube oder al wedder uteenanner), sünners op runne Geburtsdage inlaadt warrt. Dor warrt seker ok dull fiert, man in mien Ogen is dat keen Vergliek to de wilden Parties in mien Jugend. Eegentlich seggt een jo eher de Rheinländer een besünneret Fierpotential na, man dor, wo ik mien Jugend tobröcht heff, geev dat ok jede Menge vun wilde Feten. Dat is in'n Noorn generell so, dat een meist jeden Geburtsdag to'n Anlass nimmt, wat Besünneret dorut to maken. To'n Bispill warrt bi unverheiroodt 25.jöhrig Froonslüüd dat Ritual vun den Schachtelkranz zelebriert oder 30.jöhrig ledige Mannslüüd mööt de Stufen vun dat Raathuus fegen. Dorto fallt mi twee Anekdoten in: Een goden Fründ vun mi is na dat Studium to'n Arbeiden na Baden-Württemberg gahn. Dor worr denn ok sien 30. Geburtsdag heel zünfdig in een Gewölbekeller fiert. Wiel he dor noch nich so lang wohnt hett un noch nich so veel Schwaben kennen dä, weern an eerste Steed Frünn ut de ole Heimat un een poor Kollegen ünner de Gäste. Wi hebbt uns dat nich nehmen laten, em vör dat Raathuus fegen to laten. De Bruuk will dat so, dat een den Kuss vun een Jungfer hebben mutt, üm vun disse Arbeit befreet to warrn. Wiel de Bruuk för de Süddüütschen man frömd is, harr de Arme stünnenlang to fegen un müss noch länger sien Charme un sien Överredungskunst wirken laten, bit he dör een jungferlichen Kuss erlöst worr. Entweder harr he nich in'n Süden treken dröff oder he harr nich fiern dröff, üm disse Schmach to entgahn. Man sien Frünn kann een sik even nich utsöken.

Bi den 30. Geburtsdag vun mien Kumpel Frank is dat dormols noch vertrackder togahn. He weer de öllste ünner uns Frünn un dorüm de eerste, de 30 Johr oolt worr. To disse Tiet weern lüttje Gemeenheiten ünnereenanner an de Daagordnung un so wullen wi em man nich blots dat Fegen överdregen. Dor weern bannig veel Lüüd to de Party inlaadt un wi harrn vun all in Vörut een Obulus insammelt, üm Frank een Geschenk vun de besünnere Oort to maken. Ik mutt noch dorto seggen, dat Frank een besünners stattlichen, goot utsehenden, bi Froonslüüd recht geern sehn Sympat – Marke »Schwiegermutterliebling« – weer oder is.

As de Party al op den Höhepunkt weer, keem endlich uns Geschenk: eene Stripperin! Eerstmol weer se noch as Polizistin verkleedt. Ruck Zuck harr se sik man vun ehr Klamotten/Uniform trennt un den goden Frank an eenen Stohl fesselt. So danzde se denn, as Gott se warkelt harr, üm em rüm un bött mit disse Show de Stimmung ünner all Gäst an (tominnst bi de männlichen Gäst!). Frank hett dat allns – glööv ik – bannig cool funnen. Man na een Tiet fung dat Froonsminsch an, ok em uttotrecken. Eerst floog dat Hemd, denn toog se em de Büx rünner. Ünner sien Jeans keem een Batman-Ünnerbüx to'n Vörschien. To'n Entsetten vun all de Mädels, de em bit dorhen anhimmelt un em wegen sien sicheret Optreden bewunnert hebbt. »Liebestöter – das kann man doch nicht tragen!« Achter vörholen Hand tuschelten un tratschten de Damen un maken sik Luft vun wegen den pubertären un unromantischen Gesmack in Saken Frank un sien Ünnerwäsch.

Mann un Fro sünd nu mol ünnerscheedlich. Wieldes Frank nu Möh harr, sien anknackt Image bi de Damen wedder optopoliern, kreeg he bi uns Jungs 'n Barg Respekt för de gresige Leistung bi de Stripperin un för de Superhelden-Ünnerbüx. Hanni un Nanni warrt nu mol ok jichtenswenn groot un langwielig. Man Superhelden beleevt een Leven lang Aventüer. Nich wohr, Frank?

Dree, twee, een, mien

Mi is, as wenn dat all maakt. Man blots ik schall woll wedder een vun de letzten ween. Jedeen verköfft oder köfft wat bi Ebay. Dat is sotoseggen *DE* elektroonsche Flohmarkt in't Internet. Dor warrt de ole Golf vun den Papst för bannig veel Geld versteigert un een Ferrari gifft dat as Schnäppchen. Vun Raritäten bit Nippes, dat gifft nix, wat dat dor nich gifft.

As mi to Gehör keem, dat ok mien Öllern al bi Ebay anmeldt sünd un dor lustig Hannel dreven, dor weer ok mien' Tiet kamen. »Yared«, heff ik to mi sülven seggt, »wat de köönt, dat kannst du ok.« Eersmol mutt ik mi dör so een verbiesterte Anmeldung wuseln. Nich so eenfach weer dat, een Mitgliedsnaam to finnen, de bruukst du, üm hanneln to könen. Na, 'n Barg Utprobeern, wiel de vun mi angeven Wunschnaam al vergeven weer, bün ik nu as *Aldi-Baba* anmeldt.

Jümmers fleegt ole Plünnen ümher, de bi uns nüms mehr bruukt, man woanners köönt se villich noch en glücklich maken. Eersmol mutt een Biller maken vun den Krimskram, de man los warrn will, üm se dorno »hoch« to loden. Wat meent, dat een de Biller vun sien eegen Computer op een Internetserver vun Ebay speelt, oder so ähnlich … nu noch een fiegelienschen Text dorto, wat nich ganz so eenfach is. Dor kannst al 'n Barg Tiet mit tobringen.

Hett de Aukschoon för een Artikel anfungen – un so een Aukschoon duuert meistiets eene Week – denn kriggt en as Verköper af un an E-mails vun 'n potentiellen Köpersch, de denn Fragen to den Artikel oder to den Versand hebbt. Wenn du op all de Fragen richtig antern wullt, denn warrst du to'n Postexperten (un dor vun gifft dat nich veel). Ik bün jedenfalls faken na de Post hen un heff fraagt, of man dit oder dat ok as Warensendung tostüern kunn un wat dat genau bedüüt un wat dat kost. Bi een' Artikel weer dat besünners opwennig. Dat güng üm een Tuuv »Selbstbräunungscreme«, de ik nu würklich nich nödig harr.

Ik heff jedenfalls an een möglichen Köper torüch schreven, dat een Versand as Warensendung nix in Weg steiht un ik, wenn he denn de Höchstbeedende is, em dat denn so schicken wull.

As de Aukschoon nu to Enn un dat Geld bi mi op Konto weer, heff ik mi op den Weg na de Post maakt, üm de Creme as Warensendung to verschicken. Dat is wietut günstiger – man jüst de Hälfte vun den Normalpries –, dorför is dat Kuvert nich fast dicht backt un de Inholt nich verseekert.

As de Creme bi de nee'e Besitzerin ankamen is, hett se mi foorts een bitterböse E-mail tokamen laten »worüm ik de Creme eenfach as Waren-

14

sendung schickt harr«, un dat doch ursprünlich een verseekertes Päckchen ween schull. Blabla-bla.

Letztendlich hett sik rutstellt, dat mien ganzet Geloope för de Katt weer. Denn de Daam, de bi Ebay *Lola 45* heet un de E-mailadresse *kleine Maus* harr, weer gor nich de, de wegen den Versand un de Warensendung nafraagt hett. Dat wörr de *süße Maus* mit E-mailadresse un *Mutti 98* as Ebay-Nomen.

Ik heff mit mi sülven utmaakt, uns Gedöns nu wedder op den Flohmarkt to verscherbeln. Dor hest de Köpersch direkt vör di stahn: Un de köönt de Ware in'ne Hannen nehmen un sik bekieken, wat se köpen wüllt. Ebay köönt man ruhig de annern maken – dree, twee, een, ohn mi!

Castingwahn

All sünd se in den Castingwahn. Egol, welkeen
Sender een in de Flimmerkist anstellt, jedeen
söcht na jichtenswat oder jichtenswen. Na Mu-
sikgruppen, Musical-Dorsteller, Danzstars un
Top-Models. Nu sünd sogor de öffentlich recht-
lichen mit op den Toch sprungen un söökt den
besten Knabenchor. Also dat is den doch …!
Jichtenswo is doch ok mol een Enn! Ik froog mi
würklich, wat de Lüüd so bannig an disse Sen-
dungen faszineert. Eene Sendung hett dormols
den Anfang maakt, de dat Insparren vun Min-
schen in eenen Container ünner stännige Beob-
achtung för sik entdeckt harr. Middewiel gifft
dat woll de 23. Staffel, dat schient woll jümmers
noch interessant to ween. Wohrschienlich is dat
de Nähe to dat reale Leven, de de Minschen mit-
fevern un mitlieden lett. Kandidaten so as du un
ik un wo verännert sik ehr Leven, wenn mit een-
mol ehr Droom, beröhmt to ween, wohr warrt.
Heel bedenklich finn ik dat. Denn dit Mitge-
föhl för Frömde schull een lever sien direk-
tet Ümfeld geven. Welkeen weet denn hüüt
noch, wat de Naver so drieven deiht? Allns is
frömd un anonym worrn.
Ik kann mi noch goot an miene eerste Reis na
New York erinnern. In de Vereenigten Staaten,

wo de Taxen geel un dat Geld gröön is un jedeen sik anschienend för di interesseert. Knapp geihst in een Geschäft rin, warrst al froogt, wo di dat geiht. Dor mutt een sik eersmol an wennen, ofschoonst ik dat ut miene Jugendtiet kenn, denn bi uns in Dörp kennen wi uns ok all un een kunn jümmers eenen Klönsnack mit den Naver holen. Man in so een Millionenmetropool as New York? Dat weer mi an'n Anfang reinweg frömd. Jüst so as annere Begevenheiten in dat Land mit de unbegrenzten Mööglichkeiten. »Free refills« bi den Koffi to'n Bispill. Mol dorvun afsehn, dat de Kunst vun dat Koffikaken an de Amerikaaner vörbischrabbert is, kümmt in de Restaurants jümmers een vörbi un gütt di den Koffipott wedder vull, ok wenn de Tass noch so goot as vull is. Oder Minschen, de di den Inkoop in Popiertüten packt un denn na dien Auto dreegt, wo se denn de Pakelaasch ok noch in dienen Kufferruum verstaut. Allns een Service vun den Supermarkt!

Schull een mit den Service nich tofreden ween, hest du de Mööglichkeit, di direkt bi den Chef to beschweren. Dat klappt mehrsttiets ohn Probleme, blots eenmol güng dat bi mi scheev.

Ik weer mit mienen Fründ an de Ostküst vun de USA ünnerwegens un wi wullen mit sienen *Chevi Caprice Stationwagon* eenen *Roadtrip* maken. Wiel wi op Campingplätz slapen wullen, hebbt wi uns dorför een Telt in eenen Loden för Outdoor-Saken utleehnt. As wi denn midden in de Pampa weern un dat Telt opboen wullen, müssen wi faststellen, dat eene vun de Stangen defekt un dat Opboen vun dat Telt unmööglich weer. Vun nu an slepen wi in sien Auto. Dat weer in Ordnung un ok heel kommodig, denn de amerikaanschen Autos hebbt jo 'n Barg Platz. As wi denn dat Telt wedder afgeven un uns Leihgebühr torüch hebben wullen, denn wi harrn dat Telt jo nich bruken kunnt, fung een heete Diskusschoon an. De Spieß worr ümdreiht un mit eenmol müssen wi uns rechtfertigen, dat wi de Teltstang nich koputt maakt harrn. Wi kemen mit uns Anleggen toeerst nich gegen de Angestellte un denn nich gegen denn Lodenmanager an. In'n Gegendeel: an'n Enn kunnen wi sogor noch tofreden ween, dat wi de achterlegte Kautschoon torüch kregen hebbt. Man all, de wi achteran vun uns Geschicht vertellt hebbt, hebbt mit uns föhlt. In de Neegde vun openhartige Minschen kannst di denn doch noch heimisch föhlen.

Mit gode Vörsätz in't Gepäck will ik mi nu ok mol wedder mehr üm miene Mitminschen kümmern un fakener mit jem eenen Klönsnack holen. Quasi Casting in de eegen Naverschapp. Welkeen is de Grillmeister ut de Straat? Welkeen kann de besten Sandburgen boen? Wi schullen dat in de nächste Tiet tohoop bi een Straatenfest anfangen. Ik freu mi al dorop!

De Imbiss an de Eck

Ik heff mol in'n Stadt leevt, dor geev dat 'n ganz feinen Eck-Imbiss. Un dat weer keen typischen Imbiss, so mit Knackwust, Halven Hahn un Pommes-rot-weiß, nee, dor geev dat Gyros, Rollo un Pizza satt, den ganzen Dag un de ganze Nacht. Un jümmers wenn wi vun de Piste oder vun de Arbeit keemen, güngen wi dor hen un eten denn dat letzte Mol för den Dag. Ik bün dor vele Johren hen gahn un weer al dat, wat een 'n Stammkunden nöömt.

Egentlich will ik jo dat ja geern vertellen, wo dat allns speelt, aver ik will hier keen Schleichwerbung maken.

Dat Beste an düssen Imbiss weer aver, dat sik dor de ünnerscheedlichsten Lüüd drepen. Jung un oolt, arm un riek, Froonslüüd un Mannslüüd, Stadtlüüd un de Lüüd vun't Land. Dor geev dat jümmers 'n goden Mix.

Dat Allerbest weer aver, de Keerls, de dor arbeiden dään, de keemen ut Sri Lanka un snacken ok mit den typischen singalesischen (so heet dat nämlich) Akzent Tungenslag.

Dat güng denn jümmers so: »Hallo gudden Dag, was daaf sein? Giros, Rollo oder Pizza?« Meisttiets sään de Lüüd Rollo. Un denn keem dat, wat ik an'n Besten finnen dä. Denn fraag de Keerl achter den Tresen »saaf oder nisso saaf?«. Is kloor, wat dat heet? Wat he dat mit Tabasco mag oder lever ohn.

Ik heff ok all mien Frünnen dorvun vertellt, wat dor so passeer un heff ok glieks Werbung för den feinsten Imbiss vun de Welt maakt. Un jümmers, wenn ik dor een vun mien Lüüd mit hennehmen dä, tööv de op de berühmte Fraag: »Saaf oder nisso saaf?«. Un wenn de keem, lach he sik jümmers kringelig.

Een Dag mol, dor weern wi jüst mit 'n poor Lüüd vun een Konzert trüchkamen un harrn uns dacht: »Minsch, un nu noch 'n feinen Rollo – saaf, is ja kloor!«

Also sünd wi mit alle Mann na den Imbiss an de Eck rin un hebbt veer Rollos un veer Beer bestellt – een richtige Gourmetplatte vun de Eck.

Un as ik so bi't Eten weer un so ut dat Finster ruut kieken dä, dor sehg ik twee Jungs ut 'n Auto mit 'n gröön Nummernschild ut Brake utstiegen. Ik segg mol, de Fohrer steeg ut un de anner torkel un beide direktemang rin na den Imbiss. Wi hebbt uns all ankeken un uns fraagt, wo de Dune woll dat mit dat Bestellen henkriegen wull. Dor stünn de Keerl, Hand in de Büxentasch, de Ogen tosamen knepen un dingel vör un trüch, as wenn he runne Fööt harr – allns natürlich in Superzeitlupe. Denn op eenmol: »Hallo, gudden Dag, was daaf sein? Giros, Rollo oder Pizza?« – De Jung sä ganz dröög:

»Rollo« – vun achtern Tresen keem dat so, as wi dat kennen, dachen wi tominst: »Saaf …« un ehr he nu sien Snack to Enn bringen kunn, keem vun uns Braker Gast: »Nee, Pute!«
Un dor is uns all veer tosamen de Rollo mit 175 km/h ut dat Gesicht fullen.

Een Webcam is al wat

De Kommunikatschoon in't Internet hett eene ne'e Dimension. Dat langt hüütigendags nich mehr, blots Texte per E-mail to verschicken – beweegte Biller mööt her. Un dat mit Hölp vun een' Webcam. Dat is eene lüttje Kamera, de een an den Computer steken kann. Mit ehr Hölp kann een denn vör den Reekner sitten un sülvst kieken as ok bekiekt warrn. Een Kumpel vun mi hett sik vör Johren bi een Praktikum in Boston/USA Hals över Kopp in eene Amerikanerin verleevt. Na sien' Rückkehr kunnen de beiden mit de Hölp vun dat Internet un vun twee Webcams nich blots miteenanner telefoneeren, nee, se kunnen sik ok sehen un dorbi uttuuschen. So as he dat beschreven hett, hölp de ne'e Technik över veele eensame Stünnen henweg. Dank vun dat improviseerte Bildtelefon kunnen de beiden ehre Leev eenige Johren trotz Atlantik un dusende Kilometers twüschen jem oprechtholen.

Bi de Entwicklung vun de eerste Webcam speelt mol wedder de Faktor Minsch un sien Jieper na Bequemlichkeit eene groote Rull. De eerste Webcam stünn 1991 in'n Computerruum vun de Uni Cambridge un beobacht eene Koffimaschien. So wussen de Studenten alltiet, wonehr sik dat lohnt hett, na de Maschien to gahn un frischen Koffi to holen – oder of jichtenseen al wedder gauer wesen is. Hüütigendags höört Webcams as sülvstverständlich to'n Alldag dorto.

Doch wat passeert, wenn een vun de beiden Gesprächspartner de Webcam utversehn anlaten hett? Dor köönt ok eenige fiegeliensche Saken bi ruutkamen. To'n Bispill weer ik mol to eene Videokonferenz mit Hölp vun disse Webcams mit Kollegen in Asien verafreedt. To den afmakten Tietpunkt fang ik de Överdreegung vun miene Siet ut an, man in Bangkok kunnen wi statt unse Gesprächspartner blots de Putzfro sehn, de noch munter ehr Stoffdook swungen hett. Hier noch mol husch, husch mit den Lappen över den Disch un noch gau över't Schapp. Ik holl mien voyaristischet Drieven blots twee Minuten ut, denn hett mien slechtet Geweten wunnen un ik geev mi över den Ton to erkennen. Opschreckt un een beten wat verschüchtert is de Putzfro op un dorvun lopen un keem na korte Tiet mit miene Kollegen wedder. Ik glööv, dissen Ruum hett se nie nich wedder rein maakt.

Een annern Fall is mien Fründ Ralle, vun Huus ut Biker un een richtigen harten Typ. Jümmers in Ledder kleedt, vun boben bit ünnen tätoweert un stännig lude Hardrock Mucke in de Ohren. As de eenmol sien Webcam hett lopen laten, kunn ik em dorbi beobachten, as he siene Breefmarkensammlung nied tohoopsteek un dorbi de aktuelle Kuschelrock CD lopen harr. Ik segg mol so: harte Schaal, weeken Kern. Dor denkt een, du kennst den Minschen un denn gifft dat so een Överraschung.

Wenn ik dor nu över nadenken do, glööv ik, is dat jüst dat, wat eenen Minschen utmaakt: ehr lüttjen Geheemnisse. Disse laat sik wunnerbor dank de niede Technik mit anner Minschen delen, wenn een dat denn mag. Wenn nich, gifft dat tominnst Zündstoff, sogor för eene lüttje Geschicht as disse.

Gema weg!

Ik heff vör eenige Tiet Ünnerlagen för de »vg wort« utfüllt, dat is eene Verwertungsgesellschap för Journalisten un Moderatoren, de mit Snacken aktiv sünd. Jüst so as de Gema för Musiker. De Opgoov vun disse Gesellschap is, mit Hölp vun dat Urheverrecht för een beten mehr Gerechtigkeit to sorgen un den geistigen Eegentümer vun een Reed, vun een Text oder vun een Moderatschoon to sien Recht oder tominnst to een finanziellen Utgliek to verhölpen. Also schützt de vg wort mi un dat, wat ik seggt heff. Üm in dissen Schutz to kamen, mutt een vörher stünnenlang utharren un Popierkrams utfüllen. Un wat de nich allns weten wüllt: wecke Sendung du modereert hest, wo groot de Wortandeel weer, wat dat genaue Thema weer, wo lang du in de enkelten Sequenzen snackt hest, woveel Gesprächspartner dor wesen sünd usw. Is allns ganz schön opwennig.

Bi de Gema mutt een na mien Weten angeven, wo lang as de Song is, wonehr du em komponeert hest, of he produzeert worrn is, of Instrumente speelt worrn sünd oder of dor een to sungen hett. Ik weet dat nich so ganz genau. Jedenfalls kriggt een as Musiker jümmers, wenn dat eegen Leed to'n Bispill in't Radio speelt warrt, vun den Sender un in Afhängigkeit vun de Tohörertahl Geld. Dat Leed »last christmas« vun Wham is in miene Ogen de reinste Gelddruckmaschien. Dor kaamt jedet Johr üm de Wiehnachtstiet Millionen vun Dollars op dat Konto vun George Michael tohoop. Oder »we are the champions« vun Queen: de Song löppt doch bi jedeen Siegerehrung un bi jedet Sportereegnis rop un rünner – dor pingelt dat bi de Exkollegen vun Freddy Merkury ornlich in'ne Kass.

Man wo weer dat denn mol, wenn een den Spieß ümdreiht un dat Peerd vun achtern optüümt. Een müss eenen Gegenfond inrichten, villicht mit Spendengelder oder sogor mit Gebühren finanzeert, dormit bestimmte Songs in't Radio even jüst nich mehr speelt warrt. Ik snack hier vun Leeder, de eenen heel krank maakt, de akustische Körperverletzung oder sogor akustischer Sünnermüll sünd. Dormit disse Songs nich mehr in unse Ohren kellt, kunnen de Tohörers Geld op een Konto tahlen, so dat disse Songs nich mehr speelt warrt. De Künstler kreeg in dissen Fall denn keene Gema-Gebühr, sünners eene Oort »Laatman-Gebühr«.

Also ik worr glieks 1000 Euro för dat Leed »Cotton Eye Joe« vun de Red Necks betahlen, wenn ik dat dorvör nie nich wedder hören mutt. Dat weer doch de Hamer. Stell di vör: du büst Künstler un kreegst an't Enn vun dat Johr 1000 Euro Gema-Gebühr un 10000 Euro Laatman-Gebühr. Ik kann mi noch nich ganz vörstellen, wecke Emotschoonen dat in eenen Künstler wecken deit. Op jeden Fall kriggt een direkt un unfiltert to marken, of sien Leed ankümmt oder even nich. Riek un liekers hasst oder tominnst nich geern mucht. Dor gifft dat denn keenen Platz mehr vör Entschulligungen. Dor sleit dat Leven mit all sien Härte to. Un ik harr mien Roh …

Handymania

Gifft dat vundaag eegentlich noch Lüüd, de keen Handy hebbt un wo verafreedt een sik hüüt verbindlich, ohn jümmersto den Oort un de afmaakt Tiet to ännern? Sünd wi ohn Handy överhaupt noch levensfähig un kann een sik ohn Handy hüüttodaags överhaupt noch verafreden? Eene Oort Feldtest kunn ik an'n Anfang vun dit Johr an't eegene Liev beleven:

So as jedet Johr bün ik ok in dissen Maimaand mit miene Kumpels an'n Vadderdag op Tour ween. Siet een poor Johren wannert wi nich mehr, sünners fohrt mit dat Kanu – tomehrst in Neddersassen. Man wiel wi in de letzten Johren jümmers tominnst een Boot dorbi harrn, dat op dramatisch Oort un Wies ünnergahn is, heff ik in gode Vörutsicht mien Handy un anner Weertsaken in Huus laten. Twüschen miene Kumpels un un mi weer jo ok allns afmaakt: wonehr un wo wi uns draapt, wecken Toch wi af Hamborg-Hauptbahnhoff nehmt un so wieder. Dor bruuk ik dat Handy jo nich, dach ik tominnst. Man dit Johr keem uns een Grootinsatz vun de Polizei in'ne Queer. De müssen an'n Bahnhoff de Besöker vun een plonte Demo ünner Kuntroll bringen un hebbt dorför Deele vun den Bahnhoff afsparrt. Dor keem denn bi ruut, dat de Bahnhoff

28

un de Bahnsteeg restlos överfüllt weern un de gesamte Afloop woll tohoop breken wull. Keek een vun baven op de Gleise, sehg dat ut as een groten Miegenhopen. Överall Minschen. Man doch hebbt mien Kumpel Nils un ik uns, as dör een Wunner, funnen. Ok Nils, de kloke Köter, harr op dat Mitnehmen vun sien Handy verzicht. Man de Rest vun de Trupp weer nich dor. Wiel dat nu man Tiet worr, güngen wi na dat Gleis un stegen in den Toch, de dor al stünn. Eerst as sik disse in'ne Richt vun Uelzen in Bewegung sett hett, hefft wi unse Kumpels op den Bahnsteeg rop hetzen sehn. Man to laat – se hebbt denn Toch nich mehr rechtietig kregen. In de Raatlosigkeit över dat, wat nu kümmt, argern wi uns al, dat wi nich de mobilen Helper dorbi harrn. Denn wi wussen nich, wat wi nu maken schullen. In Harborg wedder utstiegen un torüch na den Bahnhoff föhrn? Bit to den afmakten Tour-Startpunkt föhrn un dor töven? Wat maakt woll de annern, de harrn uns jo gor nich in den Toch sitten sehn? Wieldes de Toch nu in't Rullen keem, hett sik een Kerl mit osteuropäischen Akzent to uns gesellt. He fraag, of wi een Neddersassenticket harrn un of he dorop mitföhrn kunn. Wiel unse Grupp nu man blots ut twee un nich as plont ut fief Lüüd bestunn, weer dat keen Problem. So seet Pavel, as wi later ruutkregen hebbt, nu bi uns un hett uns Spekulatschoonen över dat nächste Vörgahn tolustert. He kunn man blots recht slecht düütsch snakken, man he verstünn uns Problem. He bood uns an, mit sien Handy to telefoneern, üm mit de restliche Trupp Kontakt optonehmen. Wat för een prima Angebot! Blots hett een de furchtbor langen Mobilfunknummern nich in'n Kopp un nich jichtenswo opschreven, de sünd man blots in't Handy ingeven. Nu müss mien Fro de Schaltzentraal spelen. Ik heff also bi mi in'n Huus anpingelt un mien Fro hett denn de Jungs anropen, de harrn gottloff ehr Handys dorbi. Denn hett se wedder uns Bescheed seggt un denn nochmol hen un her, bit de ne'e Plon stünn. Wi hebbt uns denn letztenenns an den ursprünglich afmakten Oort drapen. Man blots mit een lüttje Verspäten kunn de Vadderdags-tour anfangen un weer – afsehn vun de Male-schen op den Bahnhoff – mol wedder een fan-tastischet Beleevnis.

Mien Fro müss nülich in Saken Handy al wedder för mi inspringen. Ik weer mit eene Kollegin to een Geschäftstermin verafreedet un harr mien Handy in Huus liggen laten. Dor keem denn eene SMS mit »Where are you?« an – vun eenen unbekannten Deelnehmer. Wiel mien Fro dat nu kennt, dat ik af un to dat olle Handy to Huus vergeten do, un se denn för mi antert, un sik man nich seker weer, wat disse SMS wat mit den Ter-min to doon harr oder nich, anter se vörsichtig mit »Bin auf dem Weg.« Ok ohn to ünnerschrie-ven. Denn keem wedder »Ich stehe im Mercedes vor der Tür.« Dat keem mien Fro nu man doch

30

komisch vör un se weer sik in dissen Momang rieklich unseker, wat dat allns to bedüden harr. Üm dat to verstahn, reep se de Nummer eenfach an. An't annere Enn weer denn miene Kollegin, de mi al düchtig söcht hett. As sik ruutstellt, stünnen wi beide vör ünnerscheedlich Ingäng vun dat Huus. To'n Glück hefft wi uns denn doch noch fröh noog drapen un wi kunnen den Termin pünktlich wohrnehmen.

As mien Feldtest wiest hett, geiht dat vundaag nich mehr ohn Handy. Dat weer denn, een hett eene »Geheimwaffe« as mien Fro in de Achterhand …

Snuppergolf

Vör korte Tiet weern een Kollege un ik to eenen Snupperdag Golf inlaadt. Üm ganz ehrlich to ween, dat wull ik al jümmers mol utprobeern, ok wenn mi dat ganze üm un bi nich sünnerlich to-seggt. Ik segg man blots »Etikette«. Man de Gelegenheit weer günstig un so schull dat an eenen Sünndag in de Lüneborger Heid gahn. Üm goot vörbereidt to ween, heff ik den Dag dorvör noch den Dresscode op de Homepage vun den Golfclub ankeken un mit Entsetten »Kragenpflicht« faststellt. Passend to mien Hemd heff ik noch mien bruune Linnenbüx plätt, kort vördem mi denn man doch to de Jeans entsloten. Ok funn dat allns in mien Freetiet statt un denn schall dat ok Spaaß maken.

Pünktlich Klock negen hett mi mien Kollege afhoolt. He wull unbedingt föhrn un mi schull dat recht ween. So weern wi tominst mit sien Sportwagen eenigermaten standesgemäß ünnerwegens. Ofschoonst he de Wegbeschrieuung to Huus vergeten harr un wi recht ungewohnt mol wedder in den goden olen Straatenatlas to de Orientierung kieken müssen, kemen wi pünktlich op den Sportplatz an. De leeg herrlich, in de Neegde vun Bad Bevensen, dicht an eenen Buurnhoff. Idylle pur!

Ik weer heel froh, as ik jüst na de Ankunft de annern 24 »Snupperer« to sehen kreeg, dor weern nipp un nau 20 Jeansdreger bi! Bevör een sik mit den Sport Golf befaten deit, mutt een eersmol eenen Grundwortschatz in Englisch hebben. Denn vun nu an worr allns blots noch so beschreven: wi deelt uns nu in dree Gruppen op, de eenen mööt *putten,* de annern *chippen* un de drütten öövt dat *driven.*

Aha! Jedeen kreeg eenen Släger un een poor Bälle in de Hannen drückt un worr een Grupp todeelt. Op dat Testgröön mit bannig veele Lökker dor in weer ik megamäßig vun de Qualität vun den Rasen beindruckt. De weer sowat vun pleegt, dor kunnen sik de meisten Schrebergoorn-Spießer een Bispill an nehmen. De Clubmanager hett uns naher vertellt, dat för de Dichte vun den Rasen de Eer mit Kies mischt warrt, dormit dat Water beter aflopen kann. De Rasen is een Spezialmischung ut Nordamerika un weer mit dat düerste, för dat man Geld investeert hett.

Wi öövt nu eersmol dat Putten: dat Inlochen vun den Ball. Dat kenn ik al vun Minigolf, man hier is dat üm eeniget sworer, as op so eene glatte Minigolfbahn. Bi dat Putten speelt Wind un Wedder keen Rull, man dorför dat Gelände. Twüschen den Ball un dat Lock gifft dat mit eenmol 'n Barg Unebenheiten. Vör den Slag mutt een 'n Barg Bereknungen maken, üm den Ball perfekt to lenken.

Dor hett mi dat Chippen al wat beter gefullen. Hier sä de Trainer, dat een den Rasen aktiv koputt maken schull. Dat dä mi ehrlich seggt in de Seel weh – schaad üm den feinen Rasen. Man een hoolt bi dissen Slag weniger ut un sett dat Handgelenk nich in, dorför mutt een man ünner den Ball kamen, dormit disse hoch ruut flüggt. Konsequenter Wies mutt de Rasen Feddern laten …

An'n allerbesten hett mi man dat Driven gefulln. Op de Driving Range leggt een den Golfball op so een Oort Gumminippel un kloppt mit mächtig Wumms op den Ball. Wenn een sik mol ankiekt, wo groot de Ball un wo groot dat Speelfeld is, denn mutt Golf doch eene vun de afsurdesten Sportoorten ween, de ik kenn. Bi dat Driven mutt de Könner Inwirkungen vun buten, so as Wind un Wedder, mit bereken. Uns güng dat natürlich eersmol dorüm, överhaupt den Ball to dropen. Wenn een dat Ding richtig dröppt, flüggt he al mol 100 Meter. Dat Risiko, den Slag komplett to versemmeln, is man ok bannig groot.

Na dat »Training« sünd wi noch mit een Elektroauto, Caddy nöömt een dat, över den Platz juckelt, üm de Anlaag antokieken. Dorbi kunn een ok dat een oder annere Exemplor vun »Golfer wie sie im Buche stehen« sehn. Minschen mit blots eenen Handschen, man dorför rieklich Smuck an Hannen un Hals, flotte Karobüxen un schicke Pullunner över de Hemden, meist pastellfarven. Passend dorto de hochpriesigen Limousinen op den Parkplatz vun dat Gelände.

De Anlaag hett mi goot gefulln, dat Snuppern ok, an de Etikette mutt ik noch arbeiden. Ik mutt ok togeven, dat sik dat dorbi doch üm Sport hannelt, denn ik harr verdüvelten Muskelkater vun dat Slägerswingen. Vun de Blosen an de Hannen vun mien 'n Kollegen wüllt wi gor nich eerst snacken. An'n allerbesten funn ik dat legendäre »19. Loch«, also den Inkehrswung an de Bar achteran.

Bahn föhren

Nülich weer ik mol wedder mit de Bahn ünner-
wegens. Ik föhr geern mit de Bahn, wiel een
dorbi wat doon, utrohn, Lüüd beobachten un sik
bewegen kann. Dat is jüst nich jümmers een Plä-
seer, dorför man faken een Aventüer.
Ditmol harr ik dat man fuurts blieven laten
schullt. Ik kiek in Hannover op den Wogenstand-
anwieser. Mien Wogen – Wogen 21 – is de letzte
Wogen vun den Toch. Ganz achtern, in Zone
G. Ik loop den heelen Bahnsteeg lang na de
Zone G. Dörseggen an Bahnsteeg: Mien Toch is
20 Minuten to laat. Na goot. Na 20 Minuten
föhrt denn mien Toch wohrhaftig. In Zone G
kummt avers nich Wogen 21, sünners Wogen 1
an. So een Mist! Dat Spill kenn ik. De Tochre-
genfolg weer jüst annersrüm, man keen Dörseg-
gen an Bahnsteeg. Ik renn also in de annere
Richt vun den Toch, so dat ik so dicht as man
geiht an mien'n Wogen ran koom. Wiel de Toch
to laat is, hett he man blots eene Minut Opholen
in'n Bahnhoff. För eenen Sprint mit mien Sack
un Pack bliff mi keen Tiet. Dorüm stieg ik wed-
der in, man in den Wogen 3. Dull: dör 18 Wogen
vun een fohrnde Toch klattern. De Toch is kum-
plett överfüllt; de Fohrgäst staapelt sik in'n
Gang. Ik marach mi af mit mienen Hartscholen-

36

kuffer as een »Großwildjäger« dör dat Ünner-
holt vun eenen dichten Dschungel. 10 Minuten
later koom ik afrackert as man wat in Wogen 14
an, un mutt faststellen, dat de Dörgang to den
nächsten Wogen afsparrt is. Glieks dreih ik dör.
Ik tööv op dat nächste Stoppen un will denn ut-
stiegen un in den nächsten Wogen wedder in-
stiegen, dormit ik to mienen Sittplatz koom, de
ik jo betahlt harr. Na 20 Minuten in'n-Gang-op-
mienen-Kuffer-sitten denn endlich: Stop in
Göttingen. Ik stieg ut. Man ik mutt mit Grusen
faststelln, dat Wogen 14 de letzte Wogen vun
den Toch is. Toch to Enn! Wat schall dat denn
nu??? Also wedder torüch in den Wogen 14 un
eenen Bahnbedeensteten opsöken. Ik froog in
de Personalkabine: »WO IST WAGEN 21?« un
krigg man blots een grootet Fraagteken to sehn.
»Ach sooooo … Sie sind in den falschen Zug
eingestiegen. Wurde denn nicht in Hannover
ausgerufen, dass dieser Zug noch schnell vor
dem Zug nach Amsterdam eingefahren ist?«
Nee, weer dat nich! Mi bleev nix anners to doon,
as de gesamte restliche Fohrt in'n Gang op
mien'n Kuffer to sitten. Unbequem as man
wat!
Noch aventüerlicher weer mol een Reis mit den
Nachttoch. Ik müsss vun Hamborg na Bern un
bün mol wedder op den letzten Drücker an'n
Bahnhoff. Dorüm jaag ik mit Kuffer un Trolli
över den Bahnsteeg un speel dat ole Spill »Söök
dienen Wogen«, wiel de mol wedder vullstännig

dörchennanner sünd. Na Wogen 25 kümmt Wogen 54 – jüst de glieke Mist. In de letzte Sekunn finn ik mien Wogen un ok mien Afdeel. Nadem ik mien Tüüg wegpackt harr, stah ik noch so'n beten wat in den Gang rüm un kiek ut'n Finster. Op een mol steiht dor een Mädel in'n Gang: dicke Ogen, kumplett natte Steern, Lippen opreten un een Handy an't Ohr. »…ja, ich hab mir da in Südschweden eine extrem heftige Grippe zugezogen. Bin voll auf krassem Antibiotika. Knapp 40 Fieber hab ich auch …« Ik kiek verbaast un weet al in dissen Momang, dat se 100 % in mien Afdeel slapen warrt. Un so weer dat denn ok. Se leggt sik in mien Afdeel un hoost dat eersmol ornich mit all möglichen Viren un Bakterien vull. Wiel Krankween för mi nich in Froog kümmt, besloot ik, eersmol na dat Personal vun den Toch to gahn, üm ehr mien Problem to verklookfiedeln. Ik wull in een anneret Afdeel. Wiel de Bahn man faken een Ünnernehmen mit dat Motto »Geiht nich« is, krieg ik fuurts dissen Satz to hören. Na fien. Ik besluut, op den Gang to blieven. In dat Afdeel mit de kranke Fro kriggt mi keene tein Peer. Dorbi krieg ik een Papeer to sehn, dor steiht op: »Genießen Sie in aller Ruhe ein köstliches Getränk in unserem Nachtrestaurant« (oder so ähnlich). Ik will mi nu »in aller Ruhe«, mit een warmet Getränk in dat Nachtrestaurant, dat Problem dör den Kopp gahn laten.

As ik dör den halven Toch lopen un endlich in

dat Nachtrestaurant ankomen bün, dröppt mi de Slag: een Wand ut Rook kümmt op mi to un lude »Hölle, Hölle, Hölle« Beerteltmusik schrillt in animalische Luutstärke ut de Luutsprekers, un eene Horde vun besopen Footballfans gröölt mit. Ik geev op un besluut, mi mit mien Süken-problem an den Chef vun den Toch to wennen. Üm wegtokomen vun de Besopenen un den Krakeel, wanner ik wedder dör den halven Toch un koom endlich bi den Tochbedeensteten an. Ik verklookfiedel em nu mien Problem un segg em düütlich, dat ik betahl, wat dat ok jümmers kosten deit, dormit ik een anner Afdeel krieg. Ok'n Update op de eerste Klass harr ik in Koop nahmen. Man mi warrt mitdeelt, dat dat bannig swoor weer. Dat Eenzige, wat se mi anbeden kunnen, weer »so ein Viererabteil, in dem die Klima-Anlage kaputt sei«. Mi liek, ik nehm dat. Gegen een 'n Oppries vun slappe 18 Euro dörv ik nu dit 4er Afdeel ohn hochansteken Grippe-patienten betrecken. Dor legg ik mi den op de installierte Knastpritsch un as ik an'n annern Morgen opwaak, kellt mi gräsig mien Buckel. Wat för een' Höllenfohrt. Ik bün fix un fardig un segg to mi sülven, dat nächste mol nehm ik wed-der den Fleeger.

Borkum

Is al een beten wat her, dor weer ik mit mien Familie op de Nordseeinsel Borkum. Een bannig feine Eiland is dat – sinnig un middenmang de Wogen. So steiht dat tominst op dat Inselwappen. Wi wullen de eersten Sünnenstrohlen utnutzen un sünd mit den Katamaran vun Emden ut röver. Dat hett mien' Jung bannig goot gefullen. »Das ist als ob du fliegst – nur übers Wasser eben« weer de Kommentar vun de Lüttjen.
As wi op de Insel ankomen sünd, hebbt wi uns mol so richtig drieven laten. Endlose Spazeergänge an den kilometerlangen Strand, de gesunne Hochseeluft üm de Nees un mit dat Fohrrad de Dünen rop un rünner. Dat hett sik denn so ergeven, dat wi an'n Enn vun jeden Dag bi de Strandpromenode inkeehrt sünd. Wieldes de Kinner noch in den Sand spelen deen un Burgen boen, hebbt mien Fro un ik uns heel vergnöögt, de anner Gäste bi ehr Köppje Tee totokieken. Disse hillige Zeremonie kenn ik noch bestens ut mien Kinnertiet. Eersmol een Kluntjes in de Tass, denn kummt de heete Tee dorop un dorbi dat Knistern vun den zerspringenden Zucker tolustern. Achteran mit een' lüttjen Lepel den Rum indröppeln laten. Op de Insel warrt dat

denn links rüm rööhrt – »entgegen dem Uhrzei-gersinn«. »Dormit hollt een de Tiet an un man hett denn mehr Roh bi de Teestünn« verkloort mi de Insulaner Tönjes.

Bi de Zeremonie harrn mien Fro un ik denn mol wedder een beten Tiet un kunnen uns allerbest wat vertellen, wo man sünst nich so to kummt. Wat dat Ünnerholen angeiht: man kummt dor jo nich an vörbi, dat man dat eene oder annere Ge-spräch vun de Gäste mitkriggt. Nu harrn wi dat groote »Glück« in de Neegde vun een Stamm-dischrunn to sitten. De kunnen sik över allns un jeden opregen. De eenen weer de Grötte vun den Strand to lästig. De Weg na de Waterkant weer to wiet, besünners bi Ebbe. Un ok weern de velen Muscheln gräsig. De Lüüd vun de Kur-verwaltung schull'n den Strand beter sauber ma-ken un disse lüttjen pieksigen Dinger opsamm-meln. Oder de Füertoorn schull nachts sien Schienwerfer utmaken, wiel man wegen dat Flackerlicht nich all poor Sekunnen wedder in-slopen kunn.

Un dormit warrt de wichtige Opgoov vun den Füertoorn gor nich mehr beacht. He schall doch de Schipp seker dör dat vertrackte Fohrwater föhrn.

So een Richtungsanwiesen dä ok männigeen »Radurlauber« goot. Disse Spezies, de man blots eenmol in't Johr – nämlich in'n Urlaub – op den Drohtesel stiggt, maakt eenen bangen. Op'n breden Padd is dat keen Problem, man kummt so een Exemplor di op den Diek in'ne Mööt, denn wackelt de heele Lenker vun dien Gegenöver vör Opregung. Kummt man aneenanner vörbi oder plumpst de een vun Diek runner? Wenn dat passeert, denn blöökt man nich blots de Schaap, denn is dat ok vörbi mit de »Roh middenmang de Wogen«.

Urlaub in Kenia

Ik heff mol mit mien' Fro Urlaub in Kenia maakt. Jüst in Afrika ankamen, krieg ik al de eerste Slang to sehen. Nu man blots de Nerven beholen. An den Kopp vun de Slang sitt twee Beamte achter den Inreisschalter. Na 'ne Veddelstünn un twee utfüllte Formulare is dat schafft. Föfftig US-Dollar in bar, un gau hebbt wi dat Visum för Kenia.

In de Tiet vun uns Opholen hebbt wi een' Safari bi den Kilimandscharo maakt, mit all drum un dran: Löwen, Zebras un Giraffen. Dat weer as een wunnerschönen Droom. Sülvst de Ünnerkunft mit moier Lodge an'n Hippo-See un jüst för de Ogen de Krokodile. Un dat allns midden in't Land vun de Masai. Dat Wedder weer wunnerbor un de Natur eenmolig. Man blots een Ritual vun de Kultur vun de Masai bleev uns een beten frömd. Obends kunn man sik den »Sandwich-Tanz« (so seggt man) ankieken. Un de güng so: een Touristen-Fro in'ne Midd, för ehr un achter ehr een Touristen-Mann. Nu noch bannig mit de Hüften kreisen un de Drops is lutscht. Keen Ohnung, of de Masai dat sülvst ok so maakt oder wat se blots de Touristen dorto annemeert.

Bi't Relaxen an den herrlichen Strand worrn wi

faken vun de Meerkatten stöört. Dat weer nich, as man meen' kunn, de Verwandschop vun de Seehunnen, de wi ut de Nordsee kennt, sünners lüttje, neeschierige un jümmers to een Spijök oplegte Open. De hebbt uns de heele Tiet beobacht un keken, wat wi so maakt. Ok op de Terrasse vun uns Lodge hebbt se uns af un an een' Besöök maakt. Besöök vun annere Deerten drohte ok noch vun links un rechts bi uns Lodge. Un disse Navers leten ok nich lang op sik töven: twee, bold veertig Zentimeter lange Echsen. Tja – Navers kann een sik eben nich utsöken.

Besünners authenisch weern de Fohrten in de Matatus. Dat sünd Minibusse, de losföhrt, wenn se »vull« sünd un överall anhoolt. So kümmt een för een Appel un een Ei dör dat heele Land. Bi een vun disse Fohrten hett mi een Mitreisende vertellt, dat een Kenianer bit to dörtig Froonslüüd hett ... wenn he se satt kriggt un ok sünst bi Luun höllt!!!

De kennt sik man goot ut, heff ik dacht, un heff so een beten Neid in den Ünnerton hoört.

Bold an't Enn vun de Reis keem eene Grupp vun Reisjournalisten ut Düütschland, ut de Schwiez un ut Österriek dorto. Ik weer in dissen Momang de eenzig swarte Tourist – man dat wussen de Journalisten jo nich. Obends, mien Fro weer al dor, keem ik een beten loter to dat komodige Snacken an't Logerfüüer. As se mi tosehn kreeg, fraag se of ik ehr een Glas Wien holen kunn. Höflich as ik nu mol bün, fraag ik in de Runn' »sonst noch etwas?« un wull jüst lospedden. Man denn sä de Typ blangen mien Fro »Und I become a beer«. De hett woll dacht, dat ik de Kellner weer. Dor heff ik em ankeken un to em seggt »Yes and I become a beef steak!«

Pingel Pingel Mors Mors!

Bi mien letzte Reis na Afrika is mi opfullen, in 'n Busch is dat ruhig worrn. De Buschdrummeln sünd verstummt. Dorför piepst, pingelt un vibreert dat an jedeen Eck. Wenn een genauer henkiekt, süht een överall Minschen, de mit een Mobiltelefon rümloopt. Afsünnerlichet Bild in de sünst doch so armen afrikaanschen Staaten, ofschoonst sik ok in Düütschland dat Phänomen »Mobiltelefon« dör all Gesellschapschichten treckt.

Status un Besitz schient ok een internatschoonal un Kultur övergriependet Phänomen to ween. Nu denn. Liekers funn ik dat al komisch, dat dor op de eenen Siet de moderne Technik in een poor Dörper noch nich so wiet komen is, een annersiets aver so modernen Krams as een Handy hett. Dorbi hett dat Ganze eenen pragmatischen Achtergrund, as sik dat nu ruutstellt hett. Dat liggt ganz eenfach an den Ümstand, dat de Fastnett-Telefonleitungen noch as Överland-Leitung verleggt worrn sünd un Kupfer nu mol eenen attraktiven Marktweert hett, so dat de Kabel faken eenfach klaut un to Geld maakt warrt. Dat föhrt jümmer wedder to Tohoopbreken in de Telekommunikatschoon un so bütt een Verbinnung via Satellit een toverlaten

Alternativ. Interessanter Wies is na een Uno-Statistik de Tall vun de Handys in Afrika vun 25,3 Millionen in dat Johr 2001 op 192,5 Millionen in dat Johr 2006 anstegen.

Interessant is ok, dat de Minschen dor dat Handy nich bruukt, üm würklich miteenanner to snacken, denn dat is bannig düüer. Ok warrt dor meist keen SMS oder MMS schickt. Ok to düüer. Un doch piepst un bimmelt dat överall. De Lösung vun dat Radel is heel eenfach: een telefoneert nich mehr, sünners een maakt Pingelteken ut, üm sik to verafreden. Een funkt bzw. morst sik an. So as ganz fröher. In dat Pingeln liggt also de Naricht. Een maakt mit sien' Frünnen Codes ut, heeft nich af, sünners höört bi bestimmte Nummern eenfach genau hen: Een Pingelteken heet »Ruf mich zurück«, twee Pingelteken heet »Hol mich ab«. Dat kann ok jüst so goot »Ich bin fertig«, »Schlaf schön« oder »Geht's dir gut?« heten. Wat genau meent is, weet man blots de Bedrapen.

De Nettbedriever sünd notürlich düchdig argerlich över den eegenwilligen Ümgang mit dat Mobiltelefon. Jem suust Ümsätz in Millionenhööch dör de Lappen, ofschoonst ehr' Handynetten nutzt warrt. Ik finn de Idee mit dat Morsen heel pfiffig. Ofgliek dat Vermoden jüst so nervig is, jümmers vun pingelnd un piepsend Gerätschaap ümgeven to ween, as vun Minschen, de würklich mit dat Handy telefoneert. Eene kumplette Stummschaltung mit ünnerscheedlich Vibratschoonsoorten oder Farven, in de dat Display lücht, weer doch een dulle Entwicklung speziell för Ballungszentren. Dat spoort denn Kosten för de Nutzer un Nerven för all de annern. Ik mutt mien Vermoden vun'n Anfang vun disse Geschicht torüchnehmen. De Busch is nich verstummt. De Buschdrummeln funkschooneert as eh un je – man blots op moderne Oort un Wies.

China un Globalisierung

Eenmol bün ik to'n Filmdreihen in China ween. Dat weer för mi dat eerste mol in'n fernen Osten un teemlich opregend. Goot rüst för de Reis kunn mi nu nich mehr veel passeern, wenn de Spraak nich weer. Vun rechts na links un vun ünnen na boben oder annersrüm. Un denn noch de Bookstaven, de för eenen gewöhnlichen Middeleuropäer mehr an'n Pointillismus vun dat letzte Johrhunnert anmoot, as an een Schrift, de een ok lesen kann. Dorüm weer dat teemlich wichtig, een *Point it* (so seggt man) dorbi to hebben. Dat is een ganz hölprieket Book, dor sünd Biller vun all wichtige Reismotiven binnen, to'n Bispill Biller vun een Dubbelstuuv, een Eenzelbett, Zeeg, Swien, Lachs, Zucchini, Bus, Taxi ... Egol, wat een vertellen oder frogen will, een wiest eenfach mit den Finger dorop! Super Ding!

Jüst in Peking ankomen harr ik noch een beten Tiet för mi, wat jo nich faken vörkümmt, un ik harr Hunger, wat al wat fakener vörkümmt. Ik besloot also wat to eten to söken. Ik koom an en'n Loden vun een amerikanische Fast Food Keed vörbi, man so eenfach wull ik mi dat nich maken.

Jüst in'n Gegendeel: ik bün besünners modig un

överwinn mien Verständnis för een vertroons-vull utsehendet Restaurant un söök mi een ut, dat för dat düütsche Verständnis allns annere as inlodend utsüht: Plastikvörhang, een Ruum in Neonlicht, wackelige Stöhl un Dische. Man: hier is dat knackvull! Un wiel ik al lest harr, dat dat för de Chinesen schietegol is, wo so een Loden utsüht un man blots de Qualität vun dat Eten tellt, kunn ik hier jo nich so ganz verkehrt ween. Man wenn ik dat utprobeern wull, müss ik eers-mol mit de Bestellung torech komen. Un dat is würklich nich eenfach, wenn de Spieskoort blots op chinesisch schreven is un de Bedeenstete keen Wort engelsch snackt. Ik överlegg, wat ik woll eten wull un treck denn mien Point-it ut de Tasch un wies op dat Hohn un op den Ries. De Bedeenstete nickkoppt un froogt blots noch, of dat 'ne groote Portschoon oder 'ne lüttje ween schull. Ik bün vörsichtig un nehm de lüttje. Al bi dat Bringen vun dat Eten kunn man marken, dat dat wat ik leest harr, richtig weer: dat Eten weer superlecker.

Gestärkt vun dat köstlich Eten, güng ik torüch na dat Hotel. Dat heet, ik versöök dat. In China leevt de Footgängers teemlich gefährlich. Se hebbt nie nich Vörfohrt. Een Bispill is, wat man jümmers wedder süht, dat eene lüttje Grupp vun Minschen middenmang de Sporen vun de groo-ten Straten fast sitt, wieldes de Verkehr links un rechts an ehr vörbi ruuscht. Jüst so is dat gang un geev, dat een ok bi gröne Footgängerampel vun de afbögen Autos blots denn nich anfohrt warrt, wenn een rechtiedig na de Siet jumpt. Bi den letzten Fall maakt sik de motorisierten Verkehrsdeelnehmer tominnst mit Hupteken bemarkbor. De Huup schient ok woll dat meist bruukte Deel vun dat chinesische Auto to ween. In de Tiet vun mien'n Opholen heff ik Taxis beleevt, wo dat Stüüer jüst an de Steed reinweg dörschüüert weer. De Huup hett jümmers Hochkonjunktur. Jümmers! Man drückt op de Huup to'n Wohrschoen, wenn een överholen, afbögen, bremsen, gasgeven oder de Spoor wesseln will … sogor wenn een man blots liekut fohren will oder man blots op sien eegen Existenz henwiesen will. Hupt warrt ok ohn jedeen Utsicht op Verännerung oder Reakschoon, to'n Bispill an'n 35. Positschoon vör de Ampel, wenn de Krüüzung vullkomen verstoppt is. In dissen Fall beruhigt dat tominnst den Fohrer, dat he wat doon hett.

Vun lieke Erfohrungen kunn ok de ostfreesische Familie vertellen, över de wi in unsen Bidrag berichten wullen. Dorbi hannel sik dat üm dree Geschwister un eenen Fründ vun de Familie, de uns Protagonisten weern. Heiko ut Ostfreesland weer för een' düütsche Firma in China un hett dor arbeit, sien Geschwister weern nu to Besöök bi em.

De eegentliche Plon weer, mit ehr all tohoop eenen typischen chinesischen Obend in een typischet chinesischet Restaurant to filmen, man denn keem dat allns ganz anners. Wi weern an'n

Enn nich in een chinesischet, sünners in een vietnamesischet Lokol lannt un de Bedener keem ut Thailand. Dat Konzept vun dat Restaurant weer, dat dat Personol all poor Stünnen eenen Optritt harr un de Gäste to'n mitmaken animieren deen. Sungen worrn – is jo kloor – spaansche Leeder! Een verdüvelten Obend weer dat: een Oromo, veer Ostfreesen un een handvull Thailänner in dat vietnamesische Restaurant in Peking. De Spraak an'n Disch weer plattdüütsch, wat woll anners!!! Dat nööm ik nu Globalisierung vun de besünnere Oort!

Sibirien

As ik as Moderator för de Sennung »Die Welt op Platt« ünnerwegens weer, hebbt wi ok mol eene Plattsnackerin in Sibirien besöcht. Bi uns denkt een, Sibirien is so een unwürklichet Land un blots een poor Lüüd köönt sik vörstellen, dor mol hentoföhren un noch weniger köönt sik vörstellen dor Urlaub to maken. De Unendlichkeit vun Tundra un Taiga, de nich anrögte Natur, dörtrocken vun groote Flüsse, dat allns öövt eenen ganz besünneren Reiz ut. Un jüst de Minschen, de in disse »Wildnis« leevt, sünd al een Reis wert.

Wi hebbt Yalisabetha Töws besöcht. Se leevt in een ganz eenfachet Huus, hett man jüst Strom un een Plumpsklo. Villicht driggt een Fünkchen 'Lengen na Huus' dorto bi, dat dit kloor un düütlich mit een Hart in'ne Döör kenntekent is. Man kunn meenen, dat de Lüüd in Sibirien noch achter den Mond leevt.

As wi tohoop sitt un Yalisabetha över ehr hardet Leven in Sibirien vertellt, verswinnt se op eenmol in de Köök. Se kümmt mit een' grooten Struuß Wildblomen in ehr Hannen torüch. Hoochnäsig as ik bün fraag ik mi, of se mi den Struuß as Andenken woll mitgeven will. Aver wiet vörbi dacht – koppöver stickt se den Struuß in een Waterkeedel, gifft noch een poor Blöder un Beren dorto un na korte Tiet is de Krüdertee torecht. Lecker! Jüst so as de klore Saft, den se mi ut een' Plastikflasch in mienen Beker kippt. Ik rüük dor eerst an, probeer een beten un keek ehr mit verdreihte Ogen an. Se griente un sä: »Richtig, Wodka.« Na, denn, Prost in de Runn un »Nasdrowje«. Hm – dat warmt ornich dör.

As wi so wieder snackt, speelt ehr Söhn mit een fernstürtet Auto. Dat Göör in mi föhlte sik mit eenmol ruutföddert un wi fungen mit een Wettrennen in'ne Stuuv an. Bi dat ganze Koppöver un Koppünner un Ümherkieken, krigg ik een Slötelbund tosehn mit eenen modernen Zündslötel doran. Neschierig un fasziniert vun den Slötel antrocken drück ik dor op. Holtergepolter warrt dat daghell in Goorn un een Wogen springt an. Vun wegen achter den Mond: wiel dat in Sibirien so sibirisch koolt warrt, kann een de Autos mit de Fernbedienung al mol in'ne Gang bringen un inböten.

Apartig Hannenwaschen

Ik heff mol för mien ole Firma en goden Kunnen in England besöcht. Sien Naam weer Sir Andrew Wakefield un de harr ok so en richtig groot Slott, as sik dat för en Sir so hören deit. Wi harrn domols ok en Vertretersch vun uns Firma in London sitten, Katja Plaschke. Se weer to de Tiet man jüst siet een Week dor, un ik wull ehr uns Kunnen vörstellen un ehr en beten wiesen, woans een mit so een ümgeiht.

Katja weer en junge Deern vun veeruntwintig Johr, smuck un af un an en beten wat paddelig. Wenn een ehr nich kennt hett, kunn een dat aver nich so gau marken.

Nu weern wi tohoop bi Sir Andrew Wakefield to en Dinner inlaadt, also, so richtig in feine Plünnen, mit Smoking un Avendkleed. Ik harr Katja den engelschen Knigge verkloort, dat een jümmers na een Fraag »please« seggt, un wenn een pruusten mutt, heet dat »excuse me«. Un wenn een na Tante Meier will, fraagt een op keen Fall »can I go to the Toilet?«. Nee, op de feine engelsche Oort heet dat: »excuse me, where can I wash my hands?« op Platt also, »Tschulligung, woneem kann ik mien Hannen waschen?«

Bi Sir Andrew Wakefield weer nu allns so rich-

tig piekfein, veer Butlers danzen üm uns rüm.
Meist so as bi »Dinner for one«.

Bi't Eten fraag Katja denn op'n mol: »Excuse
me, where can I wash my hands?«. Mann, wat
weer ik stolt, dat se dat so goot maakt harr. Fix
weer een vun de Butlers dor, trock ehrn Stohl na
achtern un wies ehr mit sien Ogen, dat se mitko-
men schull. Wi annern slabbern nu de twete
Supp un weern so bi't Snacken, dor maak dat op
eenmol bannig luut »rums«. Denn weer dat mu-
senstill – de Lüüd an de Tafel keken sik an un Sir
Andrew Wakefield harr en groot Frageteken in
sien Gesicht. Un denn weer en luut »Aaaaahhh,
to Hölp, to Hölp, to Hölp!« to hören. Wi sünd
denn mit allemann hooch gau na de Toilet hen.
De Döör weer dicht, aver binnen krakeel Katja,
dat dat weh dä, dat se sik nich bewegen kunn un
wi schullen de Döör opbreken.

Eenmol düchtig topedden un op weer de Döör.
Un dor leeg Katja nu op den Bodden vun de
lütte een-mol-een-Meter-Stuuv. De Ünnerbüx
in de Knee, dat Avendkleed dörch'nanner un
dat Waschbecken twei.

Ik segg: »Katja, wat hest du anstellt?«

»De feinen Lüüd hebbt ja keen Klo, un för dat
Waschbecken bün ik woll to swoor – vunwegen
›where can I wash my hands‹!«

56

Dör de Döör dor dör!

Allns hett dormit anfungen, dat mien ehemolige Naversche Fro Plaschek mi mol wedder netterwies ehre utlesene Zeitung in Breevslitz steken wull. Disse lüttje Opmerksaamkeit ünner Navers harr se mi mol anboden un ik heff dat jümmers dankend annohmen. Ik heff nich faken Tiet in't Blatt to kieken un dorüm maakt een Abo för mi keen Sinn. Wenn een sik man af un an över dat wat in de Welt passeert informeern will, is so een »Deal« jüst recht. So weer dat ok bi mi. Af un an krieg ik denn also eenen grooten Stapel Zeitungen vun ehr. In dissen eenen Fall wull se de Exemplare noch gau för de Middagspaus insmieten. Man blots mit een Strumpbüx an, weer se över den Gang vun Döör to Döör huscht. To disse Tiet weer Fro Plaschek slappe 80 Johr oolt.

Dat weer een heeten Sommerdag. As se nu in Strumpbüx an mien Döör stünd, full ehr Döör in't Slott, bums. Ehr bleev nix anneres över, se müss nu bi mi pingeln un mi üm Hölp fragen. Ik heff dat noch genau för Ogen, denn ik stünn sülven blots in korte Büx in mien Stuuv un weer an reinmaken. Ik heff ehr de Döör open maakt un se hett mi vertellt, wat passeert weer. Fro Plaschek weer de heele Saak bannig unangenehm un ik heff versöcht, ehr to beruhigen un sä, »kein Problem – das bekommen wir schon wieder hin. Auch ohne teuren Schlüsseldienst!« Ik heff denn een oole Kreditkoort mitnohmen un wull dormit ehr Döör open maken. So maakt de Lüüd in de Flimmerkist dat jo ok! Also wedder hen na ehr Döör, ik in Shorts un se in Strumpbüx. Un denn is dat passeert, wat passeern müss: schwups, dor full ok mien Döör in't Slott. Keen Quatsch, dat is allns jüst so passeert.

Na dull! Ik flitz also dör dat Huus un pingel – blots in korte Büx – bi de annern Navers. Endlich hett een de Döör open maakt. He keek mi erst een beten wat sporsaam an un ik fraag em, wat he een Draht oder een Tang harr oder so. Dor sä he »Klar – ich helfe dir. Komm erstmal rein« un as ik dor so in'n Gang stünn, fung he an to söken. Neeschierig keek ik mi in sien Wohnung üm, un müss to mien Entsetzen fast stellen, dat veele Poster, op de fast un deelwies ok heel nackte Mannslüüd weern, an de Wännen hungen. In dissen Momang keem ik mi extrem ünnerbekleed för un wull so gau as dat man güng wedder rut. Man ik müss jo Fro Plaschek un mi noch ut disse Misere befreen. An'n Enn keem he mit een Rull Draht, hett se mi in de Hannen drückt un mi dormit veel Glück wünscht. Noch bevör ik güng, hett he noch anmarkt »Wiedersehen macht Freude!« Den Draht oder mi? heff ik mi fraagt un mi denn gau ut'n Stoff maakt.

Dat hett nich lang duuert, denn kunn wi uns Dören wedder open maken.

Fro Plaschek, de middewiel leider al storven is, un ik hefft jümmers wedder geern mit een Grienen in't Gesicht torüch keken un an dissen heeten Sommerdag un an uns flottet Erschienungsbild denken müsst. Ok wenn uns dat in den Momang notürlich recht wat unangenehm weer.

Ik un Technik

Kennt ji dat Geföhl? Dissen unbännigen Drang, niede Saken hebben to wüllen, ohn se würklich to bruken? Dat Leven geiht wieder ok ohn Handy mit GPS, MP3 und WAP. Aver dennoch will man dat hebben, un dat is een wichtig, dat to hebben. »Hauptsook mitmaken un dorbi ween«, jüst so as bi Olympia.

Ik laat mi nu so in dissen Tosomenhang af un an vun de snaaksche Technik begeistern. Nich, dat ik sünnerlich veel Ahnung harr, man een mutt jo jümmers op den neesten Stand ween. Mitsnacken könen is dorbi bannig wichtig! Ik bün denn bi een Moderationstour in mien Middagspaus in de Technikafdeeling vun een Koophuus lannt, un heff mi över de aktuelle Generatschoon vun DVD-Playern informeert. De modernsten Modelle köönt man nich blot DVD's afspelen, sünners ok Filme opnehmen. Dat Fiegeliensche dorbi is, dat man den Kassen so instellen kann, dat de een Film opnehmen deiht, wenn man sülvst noch an'n Obendbrotdisch sitt. Achteran, wenn de Film noch jichens opnohmen warrt, kannst di den eersten Deel al ankieken. So kannst dien Kinoobend anfangen, wonehr du dat wullt. De Wahnsinn!

Ik heff dat Gerät ganz gau kofft, wiel mi dat övertüügt hett un ok jüst in't Angebot weer. Bannig schick un dat keem ok den Rest vun mien Hifi-Utstattung topaas. Wiel ik mol wedder keen Tiet harr, heff ik in Huus dat Gerät man blots ut de Verpackung nohmen un an sienen tokünftigen Platz stellt. To'n Ansluten un Programmeern weer de Tietmangel un – ehrlich – ok de Unlust dor. Ut dissen Grund heff ik denn mien Naver fraagt, de is mit de Technik ganz fix. De hett dat ok al geern vör mi doon. Man an'n Enn as wi dat Gerät utprobeern wulln, sä he to mi »Ich muss leider los, habe keine Zeit mehr. Ach übrigens … die Klappe geht nicht auf.« Wat denn nu? »Klappe geht nicht auf?« He güng ut'n Huus un ik sä »Naja, das bekomme ich schon hin. Den Löwenanteil der Arbeit hast du ja bereits erledigt.« Nu heff ik mi den Popierkrom vörnohmen, nochmol allns programmeert, over de Klapp leet sik jümmers noch nich open maken. Wo schall man nu sien köfften levsten Film ankieken, wenn man de DVD nich in den Kassen rin kriggt?

Mi bleev nix anneret över, as de ›Hotline‹ antopingeln. Hot weer man blots de Pries. Slappe 1,49 Euro in de Minut. De Daam, de ik dor an'n Pingelkassen harr, weer heel fründlich un ganz besünners nett. Mit ehre ruhige Stimm fraag se mi so allerlei Tüügs: Adress, Koopdatum, Gerätnummer un so wieter. Na acht Minuten Gesprächsduuer un locker 12 Euro Gesprächskosten keem se dormit rut, dat man dat Problem telefonisch nich lösen kunn. Ik schull mi man bi een »Fachhändler« vör Ort mellen oder dat Gerät an se, also an den Hersteller schicken. Man alleen de Bearbeidung köst pauschal 50 Euro, wiel ik de Quittung nich mehr harr. Wokeen rekent denn ok mit sowat?

Beid Alternativen weern för mi nich intosehn. Ik müss mi wat anneret överleggen. Ik heff denn dat Gerät wedder in den Kassen packt, un bün hen na den Fachmarkt üm de Eck. De heff ik mien Problem vertellt, wiel ik man dat Gerät dor jo nich köfft harr, wulln de mi ok nich so recht wiederhölpen. Opletzt fund man doch noch een Techniker, de sik privat – se weet al ... »privat« – mit mien Gerät uteenanner setten wull. Kortehand heff ik em mien niedet Speeltüüg anvertroot.

Noch an den sülvigen Obend pingel he bi mi an. »Tja Herr Dibaba, das Gerät funktioniert nicht.« Aha – dat dach ik mi. So plietsch wörr ik ok al. »Aber warum denn nicht?« fraag ik em. Tja: dat Gerät kunn gor nich funktschoneern, wiel dat leddig wörr. Dat geev keen een Loopwark un ok keen »Festplatt« in dat Gehüüs. Un ok is de Klapp vun binnen dichtbackt. Se hefft quasi een' Fassade köfft.

Ik kunn den Kassen an den Hersteller torüch schicken, müss ok keene 50 Euro dorför betahlen, sünners heff anstandslos mien Geld wedder kregen. Dat weer woll een Produktschoonsfehler. Man mien Jieper as Technik- un Schnäppchenjunkie weer un is jümmer noch grenzenlos.

Lehrnrhythmus

Sünnerbar Gerät, uns Bregen: dat wiggt jüst mol 2 % vun uns Körpergewicht, man bruukt 20 % vun de Gesamtenergie un 40 % vun den Suerstoff, den wi opnehmen doot. Uns Bregen is in de eenzigoortig Laag, Saken optonehmen un utwennig to lehren, ohn se to begriepen. So sünd wi in de Laag, eenen Text op latiensch flott to lesen, ohn ok man blots een Wort to verstahn. Jüst so is een in de Laag, een Regel utwennig to lehren, ohn to begriepen, worüm dat eegentlich geiht un wo een dat anwennen kann. Man dat is jo nich de Sinn vun de Saak.

De mehrsten Minschen dot sik bannig swoor, wat ganz Nee'd to lehren. Jüst nich bi Spraken, man sünst is dat bi mi ok so ween. Veel lever is uns dat, wenn wi wat lehren mööt, wat ähnlich is vun dat, wat wi al köönt oder kennen dot. Lehren – dat is würklich nich för jedeen mit positiv Gedanken verbunnen. Veel denkt dorbi an'n School, Prüfungen, Stress, Noten un Bangen. Ik heff ok na mien Schoolafsluss, also na 15 Johrn un twee mal backen blieven dacht, »So, das war's – nie mehr lernen.« Denn heff ik een Utbillung maakt, anner' sünd na de Uni gahn – un dor müssen wi ok lehren. Mit den Instieg in dat Beroopsleven hebbt wi denn wedder dacht, dat

wi nu seker nich mehr lehren müssen – man wiet
fehlt: As Beroopsanfänger güng dat ganze wed-
der vun vörn los. Denn koomt in eens weg Fort-
un Wiederbillungen oder een Sprakenkurs, de
Computerkurs usw. Maakt wi uns also nix vör:
Lehren mööt wi jümmers. Un wi mööt hüütto-
daags wohrschienlich noch mehr lehren, as je-
mols tovör. Dat Weten vun de Minschheit warrt
grötter un grötter. Een is in sien Beroop jüm-
mers mehr fodert, op de Höch to blieven un ok
in uns Freetiet hebbt wi dat jümmers mit ne'e
Opgaven to doon. Wiel wi also jümmers lehren
mööt, weer dat man goot to weten, wo wi dat
an'n besten un an eefachsten maken köönt.
Vun een heel pfiffig Lehrnidee hett mi letzt een
Fründ vertellt. In Thailand warrt nu medizin-
sche Fachkräft mit de Hülp vun Karaoke utbillt.
An de Universität vun Bangkok warrt de Stu-
denten dör animeerte Leeder för ehr kardiolog-
schen Prüfungen rüst. Dor kümmt dat denn bi
een Vörlesung al mol vör, dat se in den gesamten
Hörsaal all tohoop een Leed trällert. Un dat mit
Erfolg: Siet Inföhren vun disse Method hebbt
sik de Prüfungsresultaten üm 30 % verbetert.
Leeder för annere Lehrnsaken hefft se al in'ne
Mangel un Uni's ut dat ganze Land övernehmt
na un na de Idee.
Finn ik super. Ok ik kann de Songtexte vun
Klaus Lage's »1000 mal berührt« oder Western-
hagen's »Mit 18« blindlings mitsmettern. Egol,
wo lang een dat Leed tovör nich mehr in de

Ohren hatt hett. Mien Schoolloopbahn weer mit Lehrninholden, de sungen weern, möglicherwies noch reibungsloser un kotter aflopen. Un Musik an sik is jo ok mit positiv Effekten besett. De Kombinatschoon vun Beiden kunn för veel Lehrnswachen een gode Möglichkeit ween, dat Lehren eenfacher un effektiver to lehren. Ik stell mi jüst vör, dat de Mathelehrer uns wat mit Hip Hop un Rap wat vun Binomischen Formeln vertellt! Dat nööm ik Fortschritt! Ik segg Hee Hoo a quadrat + b quadrat maakt c c c quadrat!

Minigolf

Annerletzt weer ik mit een Fründ to'n Minigolf spelen. Dat Wedder kunn nich beter ween un wi hebbt uns den Platz bi Planten un Blomen ut-söcht. Minigolf tellt jo to de Präzischoonssport-orten un ik meen, een mutt veel Geschick in'n Ümgang mit Släger un Ball hebben. Utstatt mit dat nödig Equipment, dat ut een Släger un veel Bäll besteiht, de sik in Grödde, Gewicht, Härte, Överfläch, Klöör un besünners in de Sprung-hööch ünnerscheden doot, güngen wi op de Bahn. Üm dat Spill för uns noch een beten inte-ressanter to maken, harrn wi ünner de Bäll eenen vun uns mitbröcht'n Golfball mengeleert. Een Regel weer nu för uns, ünnerschedlich Bäll to bruken: jümmers wesselhaftig den Golf- un den Minigolfball.

Een etwa 10-johrigen Jung hett uns beobacht un hett sehn, dat wi teemlich mies speelt hebbt. Schietegal, wat för een Ball wi nehmen. Disse Bengel sehg so ut, so as man sik eenen lüttjen Rotzlepel ut St. Pauli vörstellt: Büx in de Knee-bögen, lange Hoor, schlabbrige Gang un eene licht kratzig Stimm. Nadem he uns een Wiel be-obacht harr, keem he op uns af. Wi dachen al, wat will de denn nu?

He froog, of he uns wat verklookfiedeln dröff.

»Na goot« dachen wi, un in'n Stillen munkeln wi, dat he sik glieks unse düren Golfball snappt un dormit afhaut. Man nix vun dat! In Gegendeel: he verkloor uns meist »gerappt«, worüm wi nich den Golfball, sünners den Minigolfball nehm schullen. De Golfball weer veel to hart un he dä op den Beton man blots hüppen. Schall heten, wi kunnen dissen Ball nich richtig platzeern, dat hung ok vun sien Överfläch af un so wieder. Un jümmers doran denken: Infallwinkel gliek Utfallwinkel. He föhrt sien' akademischen Vördrag noch wieder ut, wieldes uns man blots de Ohrn slakkern dään. So hebbt wi dor stahn, dat Muul open un hebbt uns wunnert, över dat lüttje Kloogschieterkerlchen: Beindruckt weern wi allemol vun sien Utföhrungen, de sik all plausibel anhöörn deen. Na sien Monolog güng he denn mit de Wöör »Alles klar, jetzt wisst ihr Bescheid!« weg.

As he sik opletzt ümdreiht hett un vun uns weggüng, kunnen wi achtern op sien T-Shirt lesen »47. Mathe Olympiade – ich war dabei«. Mit dütt Weten weer denn ok för uns de Welt wedder in'ne Reeg.

Location Location Location

Ik glööv, ik weer een vun de eersten bi miene Frünnen, de sick 1996 een Ackersnacker köfft hett. Mann, wat bün ik de Lüüd op 'n Wecker gahn.

Wenn een mi fraagt wat ik an'n leevsten do – kann ik eenfach seggen ackersnacken.

Mann un wat hebbt de Lüüd all schimpt un mekkert. Du un dien beknackte Handy, back di dat doch an dien Ohr oder laat di een implanteern. Naja un nu gifft dat glööv ik keen de keen Akkersnacker hett. Dat is eben jümmers so, to eerst opregen un denn sülvst maken – dat kennt wi all.

Nu is dat ja al tein Johr her. Een Ackersnacker to hebben is nu nich bannig modern. Aver ik heff mi nülich wat ganz dulles infallen laten. Wo is dat eegentlich wenn dat Ackersnacker nich blots mit Sim Kort gifft, Sim Kort kennt ji ja all, sünnern dat gifft denn ok noch een Locationchip. Location is Needütsch un heet Ümgegend, aver de Lüüd snackt ja vundaag bloots vun Location – »hest de nee Kneipe sehn – coole Location oder?« oder »Mensch, hest du sehn wat Knut vör een Huus hett, un de Location eerst!« Ik meen mit Location aver allens wat so ümto is. Ton Bispill Bahnhof, Supermarkt, Strand oder Haven.

Ik heff mi dacht, dat mutt doch eegentlich mööglich ween, disse Locations in so een Chip intoboen. Ik stell mi dat so vör. Ik bün een Vertreter un mien Boss röppt mi an un ik bün wedder mol den Vörmiddag um Klock 11 in een Kneipe – dat mutt he aver nicht weten – denn weer nämlich so een Location-Chip een gode Hölp. Ik schallt denn eenfach op Kundengespräch-Location, un in'n Achtergrund höört sik dat so an, as snackt dor een oder twee Lüüd, un ik müss eegentlich gau wedder trüch, üm mit mien Kunden wieder to verhanneln – aver in echt mutt ik noch een Beer bestellen. Oder ik maak twee Weken Urlaub op Balkonia wiel de letzte Maand länger weer as mien Geld, un ik wedder knapp bi Kasse bün un de Lüüd schüllt aver dinken ik bün op Sylt – denn maak ik den Location-Chip an un denn höört een dat de Nordsee bruust, de Mööv quieckt un den Wind weiht – Sylt eben.

Un so gifft dat denn för jeedeen Utreed een Location-Chip de passen deit. För dat to laat komen gifft dat Stau-Location oder Unfall-Location. För den Büromacker, de jüst mol een Tapetenwessel bruukt een Büro-Location. För de Babysitter, wenn dat mit de lütten Dinger noch nich so löppt de Schnarch-Location, un för de Ehefro, de sik villicht mit jemehr Lover dröppt un jüst de Ehemann anröppt gifft dat denn de Supermarkt-Location.

Mahltiet

Nülich weer ik wedder mol to'n Middageten. Af un to bün ik in 'n Oort Kantine. Dor is dat jümmers ganz fein, denn dor kann een eten, wat un soveel een mag, un betahlt an't Enn blots 6,30 Euro för'n Oort Büffet, un dat is jümmers lecker.

Un as ik dor nu so bi't Eten weer, heff ik dacht, ik seh nich richtig. Dat weer doch – ja ... Andreas, Andreas Schmittke vun mien ole School. He hett fröher dat ween, wat een 'n Musterschöler nöömt, hett blots ›Eensen‹ in sien Tüügnis hatt un keem jümmers mit 'n Aktenkuffer na de School as so'n Jungmanager in de 80iger Johren. Aver he hett Platt snackt!

Minsch, wat heff ik mi freit em to drepen un he sik, glööv ik, ok. He is denn gau mit sien Eenpott na mien Disch kamen, keek 'n beten komisch op mien Tablett, mit den Salaat, de Spaghetti un mien Dessert un mien Saft, mit een Utdruck vun: dat gifft ja ok anner Saken as Eenpott.

Denn hebbt wi eerst mol anfungen to snacken, op platt, is ja kloor. He hett den Indruck op mi maakt, dat he dat schafft hett, denn he hett vun sien Regenhuus, sien Fro, sien twee Döchters vertellt, un vun sien niedes Hobby: Golf spelen.

As ik em vertellt heff, wat ik so maken do, hett he mi 'n beten verwunnert ankeken, een Dag hier, den annern in 'n anner Stadt un jümmers ünnerwegens, jümmers as 'n Nomaden leven, ohn to weten, wat dat dor ok Eenpott gifft!

Wi hebbt denn noch 'n beten över de ole Tiet snackt un uttuuscht, wat de annern Lüüd ut de Schooltiet so maken doot.

Un denn weer sien Middagstiet ok al vörbi, un he hett den Kellner ropen. Andreas keek sik de Reken an un sä: »Och, dat is ja gor nich so veel, ik betahl dat man, dat sünd ja blots 12,60 Euro, dat laat ik woll de Firma betahlen.« He hett dat Papier in sien Büxentasch steken un geev den Kellner 15,00 Euro un hett so richtig dicknäsig seggt: »Das stimmt so.« As de Kellner weg weer, sä he denn to mi: »Köönt wi dat Drinkgeld villicht opdelen, dat sünd blots 2,40 Euro?«

Ik heff em 'n beten verbaast ankeken un denn keem ok blots een »öhhh, ja« ut mien Mund.

Aver denn sä he: »Ach, giff mi een Euro, dat langt!«

Taxi föhren is nich gliek
Taxi föhren

Taxi föhren is för mi jümmers wedder opregend. Jichtenswo passeert mi dorbi jümmers de merkwürdigsten Saken.

Mien Fro un ik weern to een Hochtiet inlaadt. Dat weer een rieklich pompöset Fest in een ool Jagdslott midden in Mecklenburg-Vorpommern. Dat Wedder weer dull, nette Lüüd un super Eten. Un dat weer siet ewig Tiet mol wedder een Weekenend blots för uns. De Kinner weern in Hamborg un harrn best Betreuung. Wiet na Middernacht güng de Party op't Enn to un wi wullen mit dat Taxi torüch in't Hotel föhren, wat fief Kilometer wiet weg weer. Man wo drifft een nachts midden in de Pampa een Taxi op? Denn sülvst dat Cateringpersonol weer mit dat Bruutpoor ut Hamborg inflogen worrn un dor weer weder een »Inheemischen« ünner de Gäst, noch een Telefonbook in de Neegde. Doch de kloken Taxiföhrers ut de Region harrn anschienend al mitkregen, dat bi dat Jagdslott een groote Fier weer un so föhren na un na jümmers mol wedder Taxen för. In een vun de Taxen stegen wi in, man foorts as wi vun Hoff rünner weern, full uns op, dat wi na links afbögen dään, ofschoonst wi vun rechts kamen sünd. As wi denn nafraagt hebbt, hett de Fohrer meent, dat de Waldweg slecht utlücht un dor Wildwessel weer un he dorüm disse Richt nahmen hett. Goot, dachen wi uns. De Herr warrt al weten, wo he langs mutt. Un so föhren wi denn dör de Mecklenburgsche Nachtlandschap. Wi kemen dör Ortschapen, vun de wi de Naams noch nie nich hööt harrn un de Tiet un de Kilometers güngen vörbi. Op uns Nafraag, wat de Fohrer uns Teel verstahn harr, anter he mit »jaja«. Dat Taxameter stünd middewiel bi 35 Euro un so langsam keem uns dat ganze een beten komisch vör. Op nochmoliget Nafragen, wo he uns henföhren wull, sä he uns' Teeloort un hett dorna sien Taxameter utmaakt. Wi föhren denn noch 15 Minuten, bit wi endlich in't Hotel ankemen. Mien Fro un ik weern middewiel stocknüchtern un hellwaak. De Taxiföhrer wull an't Enn vun uns denn doch 35 Euro hebben. Ik bün een Minsch, de keen Striet mag, un dat is normalerwies wedder mien Natur, man mit disse Masche schull de Kutscher nich dörkomen. Mit bannig hogen Blootdruck un Bevern in mien' Halsslagader drück ik em een 20 Euro Schien in de Hand un sä to em, dat he dormit jo wull mehr as goot bedeent weer. He weer foorts inverstahn un is vun Hoff föhrt. Tsss. He harr dor wull mit rekent, dat wi afsolut dusselig, ünnerbelicht un Krösos weern.

Dor geiht mi dat in Hamborg beter. Denn dor heff ik quasi een' Stammföhrer, op den ik mi vull verlaten kann. Den födder ik mi mit Hölp vun sien Wagennummer bi de Zentrale an. He föhrt een teemlich höllsch Taxi, eenen oolen 7er BMW, een vun de eersten, teemlich verleevt un op den eersten Blick jüst nich oprüümt. Man op den tweten Blick markt een, dor stickt Ordnung un veel Leev för sien Auto binnen. Mit em to föhren, maakt eenfach Spaaß. Mien Taxifründ is bannig sympathsch un för mi allens annere as anonym. Ik kann heel goot mit em snötern un philosofeeren. Un wi köönt sogor noch mehr – wi köönt tohoop swiegen. Wat will een mehr?

An sien Rüchspegel hett he een Bild vun »Taxi driver« Robert de Niro hangen. Dat is een Film ut de 70ern, de dat Leven vun een Taxiföhrer in New York schillert, de eensam un isoleert leven deit. De Fohrer is vun de Gewalt un vun den Dreck in de Stadt jümmers mehr anweddert, so dat he sik wieder un wieder in sien Obsesschoon rinbohrt. Faken glööv ik, dat veel Gemeensamkeiten twüschen em un de Filmfigur bestaht. He kümmt mi vör as een Rebell ünner de Taxifohrers. Een beten wat sünnerbor un kantig un mit de Afsicht, sien Krüüztoch bit to de Rente tapfer un ehrenvull to föhrn. Dat finn ik goot un dorüm födder ik em jümmers wedder an. För mi is he de Popstar ünner de Taxifohrers. Un ik weet tominnst, woran ik bün. Miene lüttje Konstanz bi't Taxi föhren.

Modernet Poesiealbum

De Poesiealben ut de hüütige Tiet heet »Stu-diVZ«, »My Space« oder »Xing«. Bi all disse modernen Alben hannelt sik dat üm Internet-portale. Nix warrt mehr mit de Hand schreven un man mutt nich mehr weekenlang töven. Ik höör miene Klassenkameradin Angela jümmers noch rören: »Yared, wann bringst du mir endlich mein Poesiealbum wieder mit?«
Besünners praktisch vun de hüütigen Alben is, dat man se överall mithennehmen un opslagen kann: in't Büro, to Huus un ünnerwegens. Mit een Klick op de Muus kannst' all diene Hobbys, diene leevsten Rezepte, de eenzig richtige Op-stellung vun de Football-Natschoonalmanschaft un liekers ok diene Frünnen nömen. Un dat man nich blots – so as fröher – de ut de eegene Klass, nee ok Frünnen ut de heele Welt, ut de »reale« un ut de »virtuelle«.
In't Internet gifft dat ganz niede Orten vun Fründschopen. Een mutt de Lüüd nich mol mehr kennen, üm gemeensame Beleevnisse be-snacken to könen. Naja eegentlich sünd dat keene Frünnen, sowat nöömt sik denn »Kontakte«. Un doch nööm ik disse Kontak-te ok miene Frünnen, wiel wi gemeensame Inte-ressen hebbt.

76

Un dat is för mi in dissen Tosamenhang Fründschop noog. Denn bi't Online-Surfen dor findt' een för jede Levenssituatschoon sotoseggen Mitföhlnde. Een kann sik över de Familie, to'n Bispill dat Kinnergroottrecken, oder ganz dezent över Inpottrezepte oder banal över dat Schietwedder uttuuschen. Bi all disse Fründschopen steiht de eegene Uttuusch vörn an: dat geiht üm dat Mitfreun un Mitlieden, praktische Tipps un erste Hölp. Mien Fro to'n Bispill weer in de Schwangerschop in een Forum för »werdende Muttis« aktiv. So kreeg se na de Geburt bannig veel Glückwünsche vun uns eegentlich frömde Lüüd. Opmerksamkeiten un nette Gesten so as disse, sünd doch een Bewies för richtige Frünnen.

Praktisch an't Internet sünd jo ok de Aukschoonsportale. Hett man to'n Bispill een Ümtog vör sik, kann een all wat dor so to höört (wonehr, vun wo, wo veel, wohen) eenmolig in een List intippen un spoort sik dat tietopwennige Anpingeln un Nafragen bi de Speditschoonen. Se beedt denn anhand vun miene Angaben op mienen Opdrag un ünnerbeedt sik denn mit de Konkurrenten. Dat is eenfach dull un för mi kost dat afsolut nix. Man kriggt eenen fairen Pries un dat is eenfach top (as een hüüt seggt).

Dat gifft heel veele Netzwarke in't Internet. För jedet Thema gifft dat Spezialisten, de sik to een Gemeenschop tohopsluut un sik uttuuscht. Een mutt blots dat Thema, för dat een sik interesseert, to'n Bispill Urlaub, Kinner, Kaken oder Gesundheit, in een Söökmaschien ingeven un sik een beten dörklicken. Keen weet – männichmol warrt een echte Fründschop dorut. Miene Fründin Rachel ut Brisbane, de kenn ik eegentlich gor nich richtig – ik meen real – hett nülich op mien Verlangen hen, een' olen Schoolfründ vun mi ehre Stadt wiest. Kennt hebbt de beiden sik bit dorhen nich – man he hett mi nu schreven, dat he woll noch länger in down under blieven will. Rachel mutt woll ok in de Realität eene heel Nette ween.

Gegenöver is denn doch beter as dicht bi – also doch an't Enn POESIE.

Trendsportoorten

De Weltmeister vun't »Schachboxen« weer bi
mi in de Sendung to Gast. As ik vun de Redak-
schoon de eersten Informatschoonen över
mienen Talkgast kreeg, dach ik, de hebbt sik
bestimmt verdoon un meent seker »Schatten-
boxen«! Man nee. Schachboxen gifft dat würk-
lich, as ik denn faststellen müss. Wat op den
eersten Blick gor nich tohoop passt, bringt disse
noch bannig junge Sportoort tosamen. Dat han-
nelt sik üm een Kombinatschoon ut Kampf- un
Denksport, Kraft un Köpfchen. Kämpft warrt
Slag op Slag un Toch üm Toch. De Gegner meet
sik afwesseln in'n Boxring un an't Schachbrett.
Na jedeen Boxrunn treckt se sik de Handschen
ut un bewegt denn mit bandageerte Hannen
Buuern, Springer un Löper. Dunnerwedder! Mi
hett dat deelwies an't Biathlon erinnert, wo de
Athleten ok vun een Sekunn op de annere quasi
ehrn Puls op Null daalkriegen mööt, üm bi dat
Scheten een ruhig Hand to hebben.
In mien noch jung' Loopbahn as Moderator heff
ik al eenige Sportevents modereert. Un ik müss
faststellen, dat een hüüttodaags af un to op
Sportoorten drepen deit, de so ganz anners sünd
as to'n Bispill Volleyball oder Tennis. Hebbt Se
to'n Bispill al mol wat vun »Eishockey unter'm

Eis« höört? Ok hier warrt – jüst so as bi dat Schattenboxen – twee al vörhannen Sportoorten miteenanner vermengeleert, nämlich Dükern un Iishockey. In'n Gegensatz to'n traditschoonellen Iishockey is de Speelfläch man hier de Ünnersiet vun dat Iis. Mit Swemmflossen an de Fööt un een Dükerbrill in't Gesicht jaagt de Hockeyspeelers direkt ünner dat Iis den Puk achterna. De besteiht ut Styropor – ut een Kunststoff, wo Luft insloten is. Dorüm sweeft de quasi jümmers ünner de Iisdeck. De Spelers hangt as Fladdermüüs koppöver ünner dat Iis. All 30 Sekünnen dröfft se to'n Luftsnappen opdükern – jedet Team hett dorför sien eegen Luftlock. Vunwegen de hoge Kraftanstrengung is de Speeltiet man blots dree mol tein Minuten. Heel verrückt. Wenn ik nich al Biller sehn harr, ik wöör dat nich glöven.

Also, dat weer nix för mi. Denn al eher dat »Trail Running«. Dorbi geiht dat lopend oder joggend »quer durch den Wald« över Stock un Steen. Fastleggte Wege, as bi't Wannern, gifft dat hier nich. De Strecken warrt spontan in't Gelände söcht, ohn konkrete Richt. Verlöövt is, wat Spaaß maakt un wat de körperliche Fitness hergifft. Afknickt Bööm, Felsen un Flüsse tellt dorbi nich as Hindernisse, sünners dat sünd spannende Herutforderungen. Hier bi uns in'n Noorn is disse ne'e Sportoort seker wegen de geografischen Begevenheiten nich ganz so populär as in'n Süden.

Bundeswiet un quasi överall kann een sik in't »Slacklinen« versöken. Dat is so ähnlich as Seildanzen. Een balanceert op een Gurtband, dat twüschen twee Steern spannt is. Nülich heff ik sogor een Slackliner in eenen Park bi Eimsbüttel beobachten kunnt. In'n Gegensatz to'n Balanceeren op een Drahtseil, dat so stramm spannt is, dat sik dat meist nich bewegen deit, dehnt sik een Slackline ünner de Last vun den Balancierer. Bannig wacklig süht dat ut. Dat Seil verhollt sik rieklich dynamisch un verlangt een stännig aktivet Utglieken vun de Eegenbewegung. De Anforderungen vun dat Slacklining an den Sportler schient as een Tohoopspill ut Balance, Konzentratschoon un Koordinatschoon to ween. Disse Sport egent sik perfekt, üm sien Gliekgewicht to traineeren. Dat is ok keen Sport för mi. Dat sünd ja dree Sacken op een Mol, ik bün ja al bannig froh, wenn ik een Sack alleen op de Reeg krieg.

As een Oort Kombinatschoon ut Trail Running un Slacklinen kunn een »Le Parkour« beteken. Dorbi versöökt de Löpers een Teel op den möglichst direkten Weg to erreichen. Een överwinnt dorbi allns, wat een as Hindernisse in den Weg kümmt. In de Städen warrt Pfützen, Poppierkörv, Bänke, Blomenbeeten un Mülltunnen jüst so as Botuuns, Muuern, Litfaßsäulen, Garagen un ünner Ümstännen Hochhüüs un Hochhuussluchten överjumpt un överkladdert. De urbane Ruum warrt so to een Sport- un Speelplatz för

Jugendliche, de Sport to een Kunst vun de Fort-
bewegung, wo Kraft, Eleganz un Geschicklich-
keit dat Wichtigste sünd.
Dat allns klingt för mi persönlich jo heel span-
nend, man beten wat wild un överdreven is dat
ok. Ik bliev bi Sport denn doch bi mien olen Ge-
wohnheiten un gah af un an mit miene Jungs
to'n Kicken. Jüst na dat Motto »Schuster, bleib
bei deinen Leisten«.

Ticks

»Und welche Macke hast du so?«, fraag mi letztens een Kolleeg ut dat Team. »Hä?« – dach ik. »Wat will he denn vun mi?« Doch denn sehg ik al den Artikel in dat Boulevardblatt, dat he jüst to Siet leggt harr. Footballstar David Beckham kann dat nich utstahn, wenn een unglieke Tall an Getränkedosen in'n Köhlschapp steiht. Ok, so seggt he in een Interview, müss bi em allns in lieke Linien liggen – disse Ordnung weer jüst to zwanghaft.

Dor müss ik denn eersmol överleggen. Vermoden hett jedeen jichtenswelke Ticks – oder een kennt tominst een, de eenen hett. Een komische Angewohnheit, de een nich mehr wegkriggt: Of Fleeschereefachverköpersche, oder de Kusenklempner, Kunsthochschoolprofessorin oder een Goorner, Jung oder Oolt, jedeen vun uns hett seker sien Ticks, Macken un Marotten an sik.

Ganz gliek, wat wi teinmol in'ne Köök loopt un den Herd utstellen wüllt, wat wi uns' Ei man blots mit den Plastiklepel eet, wiel wi den Smack vun Metall nich an uns Tähn möögt oder eerst eenmol an jedet Book rüken möt, vör as wi dat lesen köönt. Lüttje persönliche, deelwies afsurde un ok komische Eegenorten, de jedeen

Dag bi uns sünd un uns seker dör den Alldag bringt, ohn dat wi dor würklich achter koomt. Rinspazeert in dat groote Riek vun de afstrusen Gewohnheiten un sünnerbaren Verholensformen. Worüm un woher wi so welke Marotten hebbt, weet een woll nich so nipp un nau. Wat se för uns bedüüt un worüm wi se bruukt, is mi ok nich kloor.

Ik to'n Bispill stell mien Wecker avends fiefmol an un ut, dormit he an'n Morgen ok würklich pingelt. Rituale dot goot, sünd Stützpieler, de mien Leven de nödige Portschoon Stabilität geevt. Üm Saken, de een nich mehr överkieken kann, to kompenseeren, Verwirrendet in den Griff to kriegen, entwickel ik geern faste Regeln – as Sekerheitsnett mit duppelten Bodden sotoseggen. So een harmloset Sik-torüchversekern bi dat Weckerstellen kennt doch jedeen, oder?

Obends heff ik denn de Fraag na Ticks un Marotten in'n mien Frünnenkreis stellt. Nadem se eersmol överleggen müssen, keem denn doch veele kuriose Angewohnheiten to'n Vörschien: Mien Fründin Frauke to'n Bispill kontrolleert faken, bevör se eenen Breef in den Breefkassen smitt, wat de Adress dorop, de Breef dichtbackt un de Breefmark opkleevt is. Se seggt, dat weer al dwanghaftig bi ehr. Daniela checkt jümmers blots in Hotelzimmer in, de in'n eersten Stock liggt. Se is Bangen vör Inbreeker. Peter mutt jümmers na sien parkt Auto torüchgahn, üm noch mol to kieken, wat he ok würklich afsloten hett. Buddy gifft sien Autos jümmers Nomen, un Timo snuppert huppdiwupp an jedet Levens-middel, dat he ut den Köhlschapp nimmt, of-schoonst dat noch gor nich slecht ween kann.

All disse Ticks maakt de Minschen villicht markwürdig, man ok eenzigartig un definitiv le-vensweert. Ohn se weer de Welt stinklangwielig un monoton. Fazit: Wi hebbt doch all uns Ma-rotten un dorüm schullen wi jedeen sien Vergnö-gen günnen. So un nu mutt ik nochmol mien Wecker stellen!

Wat dat nich allns gifft

Nülich heff ik mol wedder 'n beten googelt! Dat hett nix mit Gruveln oder mit Görgeln to doon. Un dat is ok nich dat Eten vun een Gugelhupf.
Googeln, dat is dat Söken vun Saken in't Internet, un dat geiht bannig eenfach. Dat gifft 'n Internetsiet, de heet Google, un dor gifft dat 'n Finster, wo een ingeven kann, wat een söken deit. To'n Bispeel will een wat över »Hör mal 'n beten to« weten. Denn gifft he eenfach »Hör mal 'n beten to« in dat Finster in un denn koomt 'n poor Sieden to dat Thema un denn kann een wat över »Hör mal 'n beten to« lesen – wonehr dat kümmt, wat dat dor för Vertellen gifft un so wieder.
Een Dag heff ik mi mol dacht, ik söök mol na 'n Gesangslehrer för mien Naver, as Geschenk to sien Geburtsdag, denn he singt jümmers so krumm un scheef ünner sien Bruus – dat maakt nich blots de Finsters kaputt, nee, ok jede gode Naverschopp. Ik heff mi överleggt, wenn ik em 'n poor Gesangsstünnen schenken do, denn freit he sik un singt denn villicht bold so, dat dat in mien Ohren nich mehr so weh deit! Aver 'n Lehrer för dat Singen heet in't Internet nich Gesangslehrer, de heet »Gesangs-Coach« so heff ik dat tominst bi Google lehrt. Un so heff ik mol ut

Spaaß ›Coach‹ ingeven. Un denn keem een Coach na den annern. Ji glöövt gor nich, wat dat allns för Coaches gifft. 'n Coach för den Idioten-test, wenn een sien Lappen loos worrn is, een Coach för Spraken, een Coach för dat Abitur oder ok eenfach 'n Coach för dat Leven, de heet denn Life-Coach, 'n Fittness-Coach un ach wat nich allns.

Ik heff mi denn fraagt, woans warrt een egent-lich Coach?

Gifft dat denn 'n Coach-School oder gifft dat eenfach een Coach-Coach oder heet de denn Coach-Lehrer? För em gifft dat denn seker ok 'n Coach-Lehrer-Utbiller, un de Coach-Lehrer-Utbiller hett denn 'n Coach-Lehrer-Utbiller-Mester, un för den Coach-Lehrer-Utbiller-Me-ster gifft dat seker all poor Johr 'n Lehrgang, also een Coach-Lehrer-Utbiller-Lehrgang, wo denn 'n Coach-Lehrer-Utbiller-Lehrgangs-Lei-ter för een Week Vördrääg höllt. Aver Coach-Lehrer is doch egentlich 'n Coach-Coach un 'n Coach-Coach-Utbiller is denn 'n Coach-Coach-Coach – so'n dumm Tüüch!

Ach ja, ik söök ja na 'n Gesangslehrer! Denn klappt dat ok mit den Naver!

Wat weer wenn?

En'n Kollegin un ik weern mol as Moderator bi enen plattdüütschen Obend engagiert. Dat Thema an den Obend weer de Leev. Dat Ambiente weer wunnerbar utsöcht, in een Schüün »ünner't Strohdack« un dat geev een Präsentatschoon vun Shakespeare's Romeo un Julia. Passend dorto heff ik mi dat nich nehmen laten un mienen Smoking ut dat Schapp hoolt. As ik mi dennso för de Sendung konzentriert un vörbereidt harr, keem ik doch noch kort för den Optritt in Sweet. Ik kunn miene Lackschoh nich finnen.

Ohje – Frack al an, aver keen passendet Schohwark. Wat nu? Ik kunn jo woll slecht in Turnschoh un fienen Twirn op de Bühne gahn. Barfoot weer noch 'ne Alternativ ween, bi miene swarten Fööt weer dat woll an'n wenigsten opfullen. In miene Strümp, de ik dorbi harr, weer ok noch bi den »groten Unkel« een Lock. Turnschoh güngen op keenen Fall, naher denkt all Cherno Jobatey kümmt dor üm de Eck. Nu weer mien Kreativität fraagt. Un ofschoonst dat eegentlich nich mien Fall is, koomt in Extremsituatschoonen so as disse, mit rieklich Adrenalin bannig gode Resultote dorbi ruut.

Körtens to'n Bispill weern wi mit uns Frünnen

övert Weekenenn op'n Lann, in een Ferienhuus, wiet af vun Padd. Wi harrn bannig lecker grillt un wulln nu to'n krönenden Afsluss noch een Caipirinha-Cocktail drinken. All wat dor so rinhöört, harrn wi dor, blots de Strohhalme harrn wi vergeten. Wiel in den Drink mehrstendeels Iis rinhöört, is dat nich so komodig, dat iiskole Glas jüst an de Lippen un an de Tähn to kriegen. Wat kunnen wi nu doon? Een Tanke oder een Kneipe geev dat hier nich, wi weern so richtig op'n Dörpen. Vermieter oder Navers kunnen wi nu ok nich mehr ut'n Bett pingeln, denn dat weer al heel laat. Dat güng nich anners wi mussen uns Bregen noch mol ansmieten. Na een »Brainstorming«, wi hebbt düchtig Spoß dorbi hatt, seten den een poor vun uns mit Macceroni-Nudeln oder Kugelschrieverhülsen för unse Cocktails un drunken den brasilionischen Mixdrink. Geiht doch!

Ut ene annere Notsituatschoon is to'n Bispill in de 70er Johren ok een bestimmte Oort vun dat Skateboard-Föhren tostannen komen. Meistiets kunn een sik op den Wind jo nich verlaten un wenn denn Flaute weer, dennso hebbt sik de Wellenrieters Rullen ünner ehre Breed boot un sünd dormit dör de Straten düüst. As dat na korte Tiet langwielig weer, dor müss een niede Variante her. In den Sommer weer dat in Kalifornien bannig hitt un de Regierung hett denn seggt, dat jedeen mit dat Water sporsam umgahn mutt. De rieken Lüüd kunnen nu nich mehr ehre Pools vulllopen laten. Se verleten de Stadt un töven in ehre Sommerresidenzen op köhlige Daag. De Skater nutzten dat ut un skaten in de leddigen betonierten Pools.

Mien Skateboard harr ik to de Sendung rund um de Leev man nich dorbi, man jüst noch in de Tiet heff ik in den letzten Winkel vun mien Kufferruum de Lackschoh funnen un kunn denn doch noch mit mien Kollegin elegant dör den Obend föhren. De Druppen Sweet weern dröögt un vun de Maskenbildnersche översminkt worrn.

Dor fallt mi man blots to in: »Wer jümmers deit, wat he al kann, blifft jümmers dat, wat he al is.

Marokko för Anfänger

Vör Johren heff ik mol een Oort Studienreis dör Marokko maakt. Dat Königriek in'n Noordwesten vun Afrika hett mi jümmers al interesseert un so weer ik heel glücklich, as ik vun disse Reis höört heff. Organiseert weer se vun de örtliche Volkshochschool un wi harrn al een halvet Johr vör den Reisanfang regelmatig Drapen mit all Gruppendeelnehmer, wo wi uns al mit dat Land un sien Kultur uteenannersett hebbt.

Gode dree Weken güng de Reis mit een Rout vun den Noorn över dat Atlas- un Rifgebirge bit hen na'n Atlantik. Meist jedeen Dag weern wi in een anner Stadt un hebbt etlich Kilometers mit den Bus torüchleggt. Vörbi an Nomaden, dör Berberdörpen un an unwürklich utsehn Oasen midden in de Wüst.

Ok wenn wi uns al in Düütschland intenseev vörbereidt harrn, so hebbt doch 'n poor vun uns in'n Ümgang mit de marokkansche Kultur eenige Patzer henleggt. Een poor Froonslüüd hebbt deelwies de verkeehrte Kleedung an hatt. Se hebbt bi en Besöök vun de Moschee to'n Bispill nich ehr Knee un nich ehr Schullern bedeckt hatt. Annere hebbt liekers massivet Wohrschoen Obst eten, wat nich wuschen weer, un kunnen dorna een intensiv Bekanntschap mit de »Stahklos«, de dat dor faken gifft, maken. Man an'n driesten weer uns Reisföhrer Herr Mansholt. Wi harrn grootet Glück un hebbt de Mööglichkeit kregen, uns een Hochtietszeremonie in een Bargdörp antokieken. Vörutsetten vun uns Anwesenheit weer man blots, dat wi keen Biller maken. Wi Deelnehmers leten uns Apparaten in de Taschen un in de Rucksäcken. Man Herr Mansholt harr sien Kamera över de Schuller hangen un maakte quasi Biller ut sien Hüften herut. Ik weer heelfroh, dat de Gastgever dat nich markt hett.

Den Vagel hett denn uns Mitreisende Kerstin afschoten. Een eegentlich recht attraktive Blondine, de man vun Intellekt her nich ganz so hell weer as ehr Hoor. As al seggt: na goot 20 Daag in dat Land sünd wi an'n Atlantik ankomen. An een' recht eensam Strand sünd wi na de Waterkant vörlopen un hebbt de Fööt in den frischen Atlantik holen. Dorbi full de Blick vun Kerstin op een Fahn, de dor hisst weer. Se sä: »Ach wie blöd. Hier können wir gar nicht baden gehen. Die rote Flagge ist ja gehisst.« In'n Normalfall is dat ok dat Bedüden vun so een Fahn. Man hier hannel sik dat üm de marokkansche Staatsflagg, rot mit eenen grönen Steern, de överall in't Land rümfladdert.

Töven na Nummern

Na mien Reis na Pommerode in Brasilien för »De Welt op Platt« heff ik noch een Week Urlaub in Rio de Janeiro maakt. Wull ik tominst.

Man dat keem ganz anners. Mien Reisepass weer nämlich verschütt. Un dor weer mien Arbeitsvisum för de USA binnen, dat ik för de nächste Reis een Week later bruken dä. Een Reisepass wedder to kriegen weer eenfach. Dat hett bi't düütsche Konsulat in Rio blots veeruntwintig Stünnen duert – noch mol velen Dank dorför an de Lüüd vun't düütsche Konsulat. Aver bi dat Visum vun de Amerikaners sehg dat en beten wat anners ut.

Ik heff denn eersmol eenfach mit mien Prepaid Ackersnacker bi't US-Konsulat anropen. Dor weer denn ok glieks so een Apparaat mit de Stimm vun en Fro an un hett wat op portogiessch to mi seggt. Ik heff blots »twee för engelsch drücken« verstahn un dat heff ik denn ok doon. Un schwupps hett de Apparaat de Spraak un dat Geslecht wesselt. He sä wat vun »welcome, American Consulate, wawawaw one, wawawa two wawawaw threee rschschschschsch – un weg weer de Stimm. Ik heff denn opleggt un dat glieks noch mol probeert. Wedder de Fro op portugiessch, ik heff wedder de twee drückt un schwupps wedder de amerikansche Keerl, wa-wawa one, visa four, ik heft denn gau de veer drückt, puh! Denn keem wedder wawawa Europe five – ik dach, dat klingt goot, un heff de fief drückt.

Un denn wull de Roboter an't anner Enn weten, wat ik een Arbeitsvisum wull. Kloor, dach ik un sä »Yes«. Denn vertell he mi, dat ik na en Bank gahn schull un 30 US-Dollar betahlen müss un achteran schull ik denn den Code för dat Överwiesen in dat Telefon ingeven.

Dor bruukt een jo egentlich en Studium för!

O.K., ik also mit en Taxi dör Rio un denn na en Bank hen – un nich vergeten – ik harr noch mit keen richtigen Minschen snackt – blots mit Roboterstimmen. As ik op de Bank trecht weer, heff ik mit mien Code för't Överwiesen wedder bi't US-Konsulat anropen. Also, eerst wedder mien nette brasiliaansche Fründin mit ehr Portugiessch, un denn na't Drücken op twee wedder 'n amerikanschen Keerl op Engelsch. Un wedder wawa een un so wieder. Denn heff ik fein mien Code ingeven. Un op een mol – ik heff mi richtig verjaagt – harr ik en echten Minschen tofaten – een Fro – man nich doch. Doch leider snack de blots wedder Portugiessch. Ik heff denn fraagt, wat se dor nich een harrn, de Engelsch snack. Ik höör blots »Momento!« – un weg weer se. Nix weer mehr to hören. Man denn weer dor wedder en lebennigen Minschen in de Leitung: »How can I help you?« Woans he mi

94

also helpen kann. Un as ik jüst anfangen do vun-
wegen, dat mien Reisepass weg is un ... Dor
maakt dat op mol tuuuuuuuut – »Ehr Telefon-
konto is leddig – to'n Opladen de een drük-
ken!«

Gau Gau Gau

In de USA is veelet anners as bi uns. Bi eenen vun miene eersten Opholen sünd mi männig veel »drive ins« opfullen. Een Drive-in gifft eenen den Service, Saken to erledigen, ohn dat du dorbi dien Auto verlaten muss. Dat gifft de ünnerscheedlichsten Variatschoonen vun Drive-ins: een Drive-in Restaurant to'n Eten holen, eenen Autoschalter bi de Bank to'n Geld afheven, eene Drive-in Aftheek, üm Medikamente to besorgen oder ganze Drive-in Bomärkte – allns jümmers vull eenfach un Hauptsaak bequem.

In de amerikanschen Lüttstädte sünd de Lüüd sogor so bequem, de maakt nich mol de Autos ut, wenn se denn doch mol in eenen Loden gaht. Dormit in'n Winter dat Auto nich utköölt. Man de amerikansche Erfinnerriektum in Deensten vun de amerikansche Bequemlichkeit hett ok positive Neveneffekte, de Influss op de hele Welt nehmt. Een godet Bispill dorvör sünd Hotelzimmer mit Baadzimmer. De hööft in de mehrste Weltgegend middewiel to'n Hotel-Standard. Man lang is de Gang in dat Etagenbaad jüst so normol ween, as de Toilett op den Gang. Eerst 1829 hett dat »Trement House« in Boston open maakt, dat as eerstet Hotel op de

Welt Zimmer mit Bad un WC anboden hett. Man disse Informatschoon blots so an'n Rand.

De ganzen Drive-ins wirkt op mi extrem lässig, ofschoonst ik se ok jichtenswo verdüvelt finn. Op de een' Siet hebbt de Amerikaaner disse »take it easy« Mentalität, op de annere Siet mutt allns jümmers gau gau ween.

Ne'e Erfinnungen warrt ok in eens weg op de Plattform vun den sachten Sport, vun de Fitness oder vun de Esoterik maakt. Barbara Becker wiest de Huusfroons an, wo se perfekt dör Pilates nich blots entspannen, ne ok eene Top-Figur bekaamt. Un Madonnas Fitnessgeheemnis is angeevlich dat Drinken vun hillig un sündhaft düüret Kaballa-Water, dat se kistenwies inflegen lett – egol wo se sik jüst rümdrifft. Un de dullste Erfinnung is för mi dat Power Yoga – keen entspannt an'n gausten? Power Yoga is jo al een Weddersnack an sik, sowat kannst sünst nich finnen. Dat klingt jüst so unsinnig as fettarm Schokolaad oder alkoholfree Trollinger. Wo kann een op de Söök na de innere Roh un na dat Gliekgewicht de Verbinnung to den Aspekt »Power« opboon? Bestimmt gifft dat eene Menge Schlaumeier, de mi dat mol verklookfiedeln wüllt. Man dat will ik nich! Ik bliev eenfach dorbi, dat een Power un Yoga eenfach nich mit eenmol Luftsnappen nöömen kann. Dat weer jo noch schöner. Denn geev dat bold seker ok »Blassbräunen oder Fettniss-Studios«. Un de ganz scharpe Version is denn dat Mc Yoga Drive-in. Mol even gau entspannen. Dor bruukt een nich mol ut dat Auto uttostiegen. In de Roh liggt de Kraft. Eene perfekte Fusion un as för de Amerikaner maakt. Ik warr al glieks mol een Konzept utarbeiten!

Australien

Eenmol hett mi mien Job na Australien föhrt. In down under schullen miene Kollegin Julia un ik eene Sendung över den australischen Wien modereeren. Dat Barossa Valley in Nordosten vun Adelaide weer dat Teel vun uns Reis. Eene dulle Landschop mit lichte Hügel, middenmang Eukalyptusbööm, Wiengoorns un lüttje Dörpen. Vör mehr as hunnert Johrn harrn dor ok düütsche Siedler mit den Wienanbo anfungen, vundaag tellt de Rotwien' Shiraz ut disse Gegend to de Besten vun de Welt. Inspiriert vun de Gegend heff ik mi denn ok direkt een poor Buddel för to Huus organiseert un mitnohmen.

De düütschen Inwanderer hebbt in Barossa Valley ehre Spoorn torüch laten: neven de düütschen Ortsnomen un Beteknungen gifft dat ok düütsche Karkhöf, wo du diene Vörfohren söken kannst – wenn man denn welke hett un de ok opsöken will. För uns weer dat jedenfalls interessanter de hervorogenden Wiengöder to besöken. Of Lehmann, Penfolds oder Seppelt hier gifft dat bannig goden Wien to een vernünftiget Geld. Dat lett as een lüttjet Paradies för Wienkenner. Man schull op jeden Fall eene Övernachtung in disse Region mit inplonen, denn blots so kann een de wunnerbore Landschop un ok de Wienverköstigungen geneten. Op de Sporen vun de eersten düütschen Siedler wannelt man allerbest in dat touristische Billerbookdörp »Hahndorf«. Hier kann een »deutsches Ambiente« bi Mettwust un Hofbräuhuus Beer geneten. För veel vun de asiatischen Touristen hört de Besöök vun dat Dörp to de afsoluten »Must Seeings«.

Dat Valley is man nich blots wegen den Wien, nee, ok för dat Slow Food bekannt. Dat is keen speziellet Restaurant, wo dat ewig duuert, bit man sien Eten kriggt. Dat hannelt sik dorbi üm een internatschonoole Bewegung för de Förderung vun de Lebensmiddelkultur. As Gegenbewegung to dat Fast Food steiht hier de intensive Genuss un dat bewusste Torechtmoken vun dat Eten ganz vörn an. In dissen Tosamenhang warrt kulinarische Workshops, Kaakkurse un Wienproven anboden. Mi gefallt doran besünners, dat man dat Geruhsame un Sinnige in den Vördergrund stellt. Jüst so as mien eegen Naturell: Genuss un Komodigkeit. Seggt tominnst mien Fro …

Julia un ik staht nu jedenfalls, vull vun Vörfreud op de Moderatschoon, op een Utsichtstoorn un kiekt över dat Wienrebeet. För de Sendung hebbt wi een Wienproov kloormaakt un al vörher över Wien philosofeert. Bit so een Set denn steiht, duuert dat een beten. Ok wenn dat achteran in de Flimmerkist so eenfach utsütt, dor höört bannig veel Vörbereiden, männigfaltige Erfohrungen un een opwännige Technik to. All de Kobel mööt verleggt un richtig tohoopsteekt warrn, dat Licht mutt stimmen un de Instellungen vun de Kameras schüllt perfekt ween. Wieldes de Rest vun dat Team sik düchtig afrackert hett, harrn Julia un ik noch een beten Tiet to'n Klönen un to'n in-de-Gegend-rümkieken. Man blots een poor Meter vun uns weg, dicht noog üm to luustern, seet een jungen Typ in sien Auto. Utleggt mit sien Slaapsack, Matratz un sien' heelen Huusroot, harr he sik dat in sien Wogen komodig maakt. As de annern denn an'n opboen weern un wi uns för de Moderatschoon torech maakt hebbt, hebbt wi uns ok een lüttjet beten över den Typen lustig maakt: wat he dor woll maakt, of he keen Tohuus harr, süht annere Lüüd man blots bi't Afrackern to, kunn sachs woll helpen …! Un so wieder, dat komplette Programm. Un denn jümmers wedder een Snack as, stell di mol vör, de versteiht uns, hahaha.

An'n Enn hebbt wi de Moderatschoon afdreiht, man dat güng nich ganz pannenfree: jümmers wedder un wedder un mit männigveel Gegnigger müssen de Opnohmen maakt warrn. Dat weer för unse gode Stimmung man keen Afsakker. In'n Gegendeel: wi weern Ulknudeln un harrn bannig veel Spaaß dorbi. An'n Enn wull Julia denn weten, wat de Typ in dat Auto woll

vun uns denken dä, wo wi doch so albern weern.
Dor keem dat ganz dröög vun em röver – »gar
nichts«. UUps – as sik rutstellte, keem de Typ ut
Schwerin un harr notürlich jichens een Wort
verstahn. Wat een Malöör …

Dor wo de Sünn opgeiht

Eene vun miene veelen Reisen hett mi in dat Land, wo de Sünn opgeiht, föhrt – dat heff ik jo al vertellt. Neven de Spraak hebbt mi dor de Sitten un Gewohnheiten beindruckt. Mi weer al vörher veel över de velen Rituale vertellt worrn, man wenn een dat denn an't eegene Liev in de Künn krigg, denn is dat jüst so opregent. Besünners sünd mi de Restaurantbesöken in Erinnerung bleven, de een jümmersto ünnernohmen hett. De Chinesen leggt grooten Weert op frischet un godet Eten un se gaht geern in een Restaurant.

All op denn Flug na Bejing hen heff ik quasi to'n Akklimatiseeren eenen Chinesen blangen mi sitten hatt. Jüst as de Fleger in de Luft weer, kreeg he sien Pantüffeln ruut un trock se an. Dütt eerste Ritual hett mi op de heele Reis verfolgt. To'n Eten geev dat in den Fleger chinessche Köök, man ok een europäschet Gericht. Man jichtenswo harr ik noch keen Jieper op Ries mit Maifisch, Aal, Garnelen un Seetang, man ik kunn al de chinesschen Essgewohnheiten an mienen Naver studeern.

Jüst as ik in Bejing ankeem, hett sik mien Instellung abrupt ännert. Prompt an'n eersten Obend bün ik in een typisch chinesschet Restaurant utföhrt worrn. All bi dat Betreden vun dat Restaurant keem mi mien Flugnaver wedder in den Sinn, denn ik müss an'n Ingang mien Schoh uttrecken. Pampuuschen för de Gäst stünnen al praat. In de Mitt vun dat Restaurant weer een grooten Pool un ik dach al, mit de Puuschen un dat Swimmbad müss ik woll in eene Oort Wellness-Tempel ween. Doch as sik rutstellt hett, swimmt dor in't Water quasi de Spieskaart rüm. Een kunn sik sogor persönlich den Fisch utsöken, de later op den heten Steen för eenen torech maakt un serveert worr. Frischer geiht dat meist nich! Doch mutt een bi de Eten-Zeremonie in een Restaurant 'n ganzen Barg bedinken.

To'n Bispill schull een nie nich den Fehler maken un de Sticken in'n Ries steken laten! Denn dit Detail is een Deel vun een Beerdigungszeremonie un dorüm ünner normale Ümstännen överhaupt nich anbröcht. Ok gifft een in China keen Drinkgeld. De mehrsten Restaurants un Bars wiest eenen Service-Toslag op de Reken ut, de as Drinkgeld ansehn warrn kann. De Mitarbeiter reageert jüstto entsett, wenn een ehr Drinkgeld geven will, denn se seht dat as ehr Opgoov an, den Gast to deenen.

Staunt heff ik ok nich slecht, as ik mol na de Toilett hen müss. Disse Besöök is för Europäer wat Besünneret. Dat fung wedder mit eenen Schohtuusch an. Een ersett de Restaurant-

Pampuuschen gegen Klo-Pampuuschen. Wieldes sik de Toilett op den eersten Blick nich vun een' herkömmliche Sitt-Toilett westlicher Oort ünnerscheedt, hett se doch eene Veeltahl vun technische Funkschoonen (bit to 38!): Warmluftgebläs, Massagefunkschoon, instellbore Waterstrahlen, automaatsch Deckelopenmaker usw., de entweder in de Toilett oder in de Klobrill inboot sünd. Dat Ganze bedeent een mit eene separaten Stüüerung, de an de Siet vun de Toilett oder an de Wand fast maakt is un faken över Funk mit dat Klo kommunizeert. Bi manche Klos is de Klobrill inbött, dormit een ok nich to koolt sitten deiht. De Temperatur kann een över eenen Digitalanwieser exakt instellen. Een kann sik ok in all mögliche Variatschoonen mit Water besprütten laten. Dorvun heff ik man lever Afstand nohmen.

Den Knoop mit dat Notenteken heff ik in'n Gegensatz to dat Waterbesprütten super funnen. Wenn een dorup drückt, kümmt een luten Sound vun 30 Sekunnen, de as een Klospölung klingen schall. Ik heff in de Twüschentiet ruutfunnen, woto de dor is. Chinesen sünd ehr Pupsgeräusche pienlich, so dat se – üm disse to övertünchen – in eens weg de Spölung drückt. Üm dorför nich so veel Water to verbruken, hebbt se disse Spölsounds in de Klos inboot. Dat gifft jo ook 1,3 Mrd. Minschen in China.

Ik heff faststellt, dat de Chinesen ogenschienlich

mit eene Oort Gen för technisch Innovatschoo-
nen op de Welt koomt, man op de annere Siet
ehr ole Traditschoonen bannig intensiv un leev-
vull pleegt. Wiel se dat allns goot ünner eenen
Hoot kriegt, treck ik dissen vör ehr.

Weltweit zu Hause

rororo 62476.

Yared Dibaba hat auf der ganzen Welt deutsche
Auswanderer und ihre Nachkommen getroffen.
Sein Zugang zu diesen Menschen ist ein besonderer:
Er unterhält sich auf Plattdeutsch mit ihnen.
Was er erzählt, ist mal nachdenklich, mal amüsant.
Und immer höchst unterhaltsam.